OTMAR LADANYI

Unternehmensplanung in der Investitionsgüter-Industrie

Betriebswirtschaftliche Schriften

Heft 72

Unternehmensplanung
in der Investitionsgüter-Industrie

Unter besonderer Berücksichtigung der allgemeinen
Unternehmenslehre und der Systemtheorie

Von

Dr. Otmar Ladanyi

DUNCKER & HUMBLOT / BERLIN

Alle Rechte vorbehalten
© 1974 Duncker & Humblot, Berlin 41
Gedruckt 1974 bei Buchdruckerei Bruno Luck, Berlin 65
Printed in Germany
ISBN 3 428 03176 8

Vorwort

Für wissenschaftliche Arbeiten im eigenen Fach genügend Zeit zu finden, ist für höhere Führungskräfte allgemein schwierig. Eine Dissertation oder ein Buch zu schreiben bleibt in dem ausgefüllten Berufsleben eines Managers ein Wunsch, wenn nicht eines Tages ein Ereignis eintritt, das ihn in die Lage versetzt, eine bestimmte Zeit ohne besondere Verpflichtung wissenschaftlich zu arbeiten. Dann erst kann sich auch der Praktiker mit grundlegenden Fragen seines Arbeitsgebietes oder Problemen, die ihn bewegen, befassen und zu verstehen suchen, was ihn die langjährige Erfahrung gelehrt hat.

Das Führen von Unternehmen oder Betrieben eines Konzerns steht mit den Ingenieurwissenschaften, den Wirtschaftswissenschaften, der Soziologie, der Psychologie und anderen Wissensgebieten im engsten Zusammenhang. Durch den Einblick in die verwandten Disziplinen lassen sich wertvolle Erkenntnisse gewinnen; sie können der Anstoß sein, daß einem bestehende Kausalitäten in das Bewußtsein rücken. Zwei Grundgedanken kommen in meiner Arbeit immer wieder zur Geltung und werden mit den Einzelproblemen einer Unternehmensplanung in Verbindung gebracht. Es ist dies einerseits die Systemtheorie, wie sie besonders in den USA in jüngster Zeit auch für die Betriebswissenschaft entwickelt wurde. Es ist ferner die leidenschaftliche Überzeugung, daß die Aufgaben eines modernen Betriebes nicht mit der Gewinnmaximierung erschöpft sind und vielmehr alle betrieblichen Entscheidungen auch in ihren sozialen Bezügen, ja sogar in ethischen Erwägungen begründet sein müssen. Die gewonnenen Erkenntnisse und Zusammenhänge werden zweifellos in der Zukunft immer mehr an Bedeutung gewinnen und dies nicht nur durch die ständig weitergehenden Forderungen nach Mitspracherecht und Mitbestimmung.

Bei dem Schreiben dieser Arbeit habe ich schon früher für den Aufbau einer Unternehmensplanung zusammengetragene Arbeitsunterlagen verwendet und diese nach dem Studium verschiedenster wissenschaftlicher und sonst aktueller Literatur verbessert und erweitert. In Klammer gesetzte Zahlen verweisen auf das Schrifttumsverzeichnis, das sich am Ende des Buches befindet. Darüber hinaus ist mir bisweilen sicher das Versehen unterlaufen, daß ich Ideen anführe, ohne den Autor zu nennen oder zu kennen. Ich bitte den Leser vorweg, dies zu entschuldigen.

Der Verfasser war in einem österreichischen Unternehmen mit der Unternehmensplanung befaßt. Die Arbeit ist daher in erster Linie auf österreichische Verhältnisse bezogen. Viele Ingenieur-Berufsjahre in der BRD und ständige Kontakte mit bundesdeutschen und schweizer Unternehmen haben einen guten Einblick in die Verhältnisse in diesen Staaten vermittelt. Die Gültigkeit der Aussagen über die Grenzen hinaus erscheint damit gesichert zu sein. Das Thema ist nicht ohne kritische Bemerkungen zu behandeln, sie gelten allgemein und sind nicht auf einzelne Persönlichkeiten zu beziehen.

Für die Förderung der Arbeit und viele wertvolle Anregungen bin ich den Herren o. Prof. Dr. M. Pietsch und o. Prof. Dr. F. Moser der Technischen Hochschule in Graz sehr zu Dank verpflichtet. Erwähnen möchte ich auch meine gemeinsame Arbeit im Rahmen der Unternehmensplanung mit Herrn Dr. F. Silbermayr, dem ich wertvolle Anregungen von Seiten des finanziellen Bereiches und der betrieblichen Kostenrechnung verdanke.

Es war mein Bestreben, richtungweisende Gedankengänge für eine gesunde Unternehmenspolitik darzulegen. Ich hoffe, daß breite Schichten des Unternehmertums und des Managements sich für diese interessieren und mit mir zu der Überzeugung gelangen, daß die Unternehmensplanung durch Mitspracherecht und Mitbestimmung in einem neuen Licht erscheint und auf die Unternehmensplanung neue wichtige Aufgaben zukommen.

St. Pölten, im Dezember 1973

Otmar Ladanyi

Inhaltsverzeichnis

1. **Einleitung**
1.1. Die Welt verändert sich immer schneller — Entscheidungen im Zustand der Unsicherheit 11
1.2. Teilhabe an der Führung, ein Anliegen der Industriegesellschaft .. 12

2. **Unternehmensplanung als Institution**
Planen als ein auf die zukünftige Marktentwicklung ausgerichtetes prospektives Denken 14

3. **Zielsetzung**
Unternehmensphilosophie — die Unternehmenspolitik schriftlich formulieren 16

4. **Der Zielsetzung entsprechendes Führungsverhalten**
4.1. Ein konsultativ-partizipativer Führungsstil kann fachlich und persönlich geeigneten Führungskräften eine gewisse Autonomie in ihrem Aktionsbereich einräumen 18
4.2. Planen als sozialer Prozeß — Wer soll planen? 18
4.3. Planung, ein ordnendes Verfahren für die Mitwirkung bei Entscheidungen (Mitbestimmung) 20
4.4. Arten der Teilhabe an der Führung 20
4.5. Stimmen die Prinzipien einer konsultativ-partizipativen Führungskonzeption mit den wesentlichen Inhalten der Demokratie überein? 23

5. **Die der Zielsetzung entsprechende Organisation**
5.1. Das Unternehmen als produktives soziales System 26
5.2. Ein „dreidimensionales" Organisationskonzept 26
5.3. Interne Bilanzen 27
5.4. Systematische Entscheidungsprozesse 28

6. **Arten der Planung**
6.1. Definition des Begriffes 31

6.2.	Taktisches Planen	31
6.3.	Strategisches Planen	31
6.4.	Ethische Werte und gesellschaftliche Verantwortung	32
6.5.	Normatives Planen	32
6.6.	Mittelfristige Unternehmensplanung als umfassende Darstellung der Entwicklung des Unternehmens, ausgehend von den Veränderungen auf dem Markt	33
6.7.	Die absatzpolitischen Strategien	34

7. Beispiele für den Aufbau einer integrierten Planung

7.1.	Marktforschung und Prognosen als Grundlage der Pläne	36
7.2.	Basis- und Folgepläne	37
7.3.	*Technischer Entwicklungsplan*	39
7.31.	Neuentwicklungen; Abwandeln und Verbessern von Produkten	39
7.32.	Möglichkeiten der Kostensenkung durch Wertanalyse	40
7.33.	Änderung des Qualitätsstandards	41
7.4.	*Absatzplan*	41
7.41.	Bilanzumsatz	41
7.42.	Betriebsleistung	42
7.43.	Die systematische Ergänzung des Auftragsbestandes	42
7.44.	Bewertungsmethode für Projekte und Aufträge	44
7.45.	Absatzprognosen mit Verkaufsingenieuren oder Vertretern erarbeiten	45
7.5.	*Investitionsplan*	48
7.51.	Investitionsmotive, Investitionsentscheidungen	48
7.52.	Die Investitionsrechnung so gestalten, daß Antragsteller die Wirtschaftlichkeit und die Auswirkungen auf die Kostensätze selbst prüfen können	49
7.53.	Die Bewertung der Eigenschaften von angebotenen Maschinen und Anlagen	54
7.54.	Auslastung, kalkulatorische Abschreibung, Abnutzung und Veralterung von Maschinen und Anlagen	56
7.55.	Investitionserfordernisse und ihre Bedeckung	57
7.56.	Raumordnung im Gruppenprozeß erarbeiten (Beispiel)	58
7.6.	*Produktionsplan*	59

Inhaltsverzeichnis 9

7.61. Termineinhaltung und Auslastung 59
7.62. Zwischenbetriebliche Kooperation 60
7.63. Materialbeschaffung 61
7.7. *Personalplan* 61
7.71. Primärkosten der Abteilungen oder Betriebe mit der zurechenbaren Betriebsleistung vergleichen 61
7.72. Personalbedarfsanalyse 63
7.73. Auf das Unternehmensziel bezogene Personalpolitik 66
7.8. *Ertragsplan* 67
7.9. *Finanzplan* 70

8. **Planungsablauf und Kybernetik**
8.1. Die geschlossene Folge der Tätigkeiten innerhalb eines Planungsprozesses 71
8.2. Die Auswahl einer bestimmten Alternative 71
8.3. Die Einhaltung eines Planungskalenders 72
8.4. Das Unternehmen als kybernetisches System 73
8.5. Planung als Verfahren zur Gestaltung und Führung von Systemen 75
8.6. Generelle Gültigkeit kybernetischer Vorstellungen 75
8.7. Die Vorhersage in wirtschaftlichen Belangen 77

9. **Wirksame Informationen**
9.1. Systematische Gewinnung und Verarbeitung 80
9.2. Menge, Häufigkeit und Genauigkeit der Informationen richten sich nach der Zuständigkeit und dem Verantwortungsbereich ihrer Empfänger 80
9.3. Informationen als Regelimpulse 81

10. **Ziele der betrieblichen Weiterbildung**
10.1. Kriterien für die Beurteilung eines Systems 82
10.2. Geforderte Kenntnisse und Fähigkeiten einer Führungskraft 83
10.3. Die Planung von Ausbildungsprojekten 83
10.4. Externe Bildungsveranstaltungen 85
10.5. Planung als Lernprozeß 89

11. Die Rolle der leitenden Angestellten

11.1. Leitende Angestellte sind unternehmerisch tätig 90

11.2. Welche Hinweise sind in den einschlägigen österreichischen Gesetzen über die leitenden Angestellten bzw. die Unternehmensführung allgemein zu finden? 91

11.3. Kreative Aktivität oder Konformität? 92

11.4. Wie können qualifizierte Führungskräfte einen angemessenen Einfluß auf die Unternehmenspolitik erlangen? 93

11.5. Eigenständige Interessenvertretung der leitenden Angestellten 96

12. Schluß

12.1. Unternehmensplanung und Operations Research 98

12.2. Planung und Spieltheorie 98

12.3. Die wesentlichen Aspekte der Planung 99

12.4. Der Zusammenhang zwischen Planungsgrad und Führungsstil bzw. Zielorientierung und Mitarbeiterorientierung 100

12.5. Ursachen für das Versagen von Planungen 101

12.6. Ein Vergleich mit praxisbezogenen Management-Grundsätzen 102

12.7. Das Wesentliche ist der Einsatz und die Entwicklungsmöglichkeit des Menschen im Unternehmen 102

Schrifttumsverzeichnis 104

1. Einleitung

1.1. Die Welt verändert sich immer schneller — Entscheidungen im Zustand der Unsicherheit

Besondere Symptome unserer Zeit, wie unter anderem:
wachsende Dimensionen im technischen Sinn,

die damit in Verbindung stehende *allgemeine Akzeleration* des gesamten Lebensbereiches, die im Technischen zu einem raschen Veralten von Anlagen und Verfahren führt und zu einer ständigen Verbesserung der Produkte, der Verwendung neuer Werkstoffe und dem Erschließen neuer Energiequellen zwingt,

eine *wachsende Komplexität* der technischen und wirtschaftlichen Zusammenhänge, verschärft durch eine Fülle an Informationen,

und nicht zuletzt eine *Vielzahl von Disparitäten* im soziologischen und wirtschaftlichen Sinne (56),

haben die Stellung des Unternehmens und damit des Unternehmers oder Managers spürbar beeinflußt. Das Management steht heute vor Entscheidungsproblemen, die durch zahlreiche Bindungen (interdependences) immer schwieriger zu lösen sind. Planung gewinnt allgemein und besonders in der Investitionsgüter-Industrie an Aktualität. Mit den Problemen einer Unternehmensplanung aber sollte man sich erst auseinandersetzen, wenn man das Bewußtsein hat, daß wir in einer immer weiter um sich greifenden *Unsicherheit* (uncertainty) planen müssen. Diesem Dilemma können Betriebe, die sich zur Marktwirtschaft und zu dem Prinzip der Entscheidungsautonomie des einzelnen Unternehmens bekennen, kaum entrinnen (43). Entscheidungen in die restlose Sicherheit führen zu wollen, wäre ja gleichbedeutend mit dem Versuch, die Marktwirtschaft abschaffen und die Konsumfreiheit einschränken zu wollen. Unter Berufung auf die Ungewißheit erreichbare und analysierbare Daten und Informationen ignorieren und allen rationalen Formalisierungen ausweichen zu wollen, ist ein besonders untauglicher Versuch, ein Unternehmen zu führen. Der Mangel an Planung, Initiative u. ä. gehört zu den Formen von Risiken, die durchaus vermeidbar sind.

Die von der Wirtschaft in den letzten Jahrzehnten erbrachten Leistungen stehen außer Frage. Angesichts dieser Erfolge wurde aber eine Gefahr zu wenig beachtet, nämlich, daß Entscheidungen ohne Zusammenhang getroffen und damit nur einzelne Schritte, wie z. B. das Vervollkommnen eines Produktes, eine Wachstumsquote oder eine Investition geplant wurden. Der Begriff „Planung" wurde in einem recht engen Denkrahmen gesehen. Man befand sich an einem Punkt und hat einen anderen Punkt, den man erreichen will, ins Auge gefaßt. Der Weg von dem einen Punkt zu dem anderen wird optimiert. Die Trägheit verschiedener Entwicklungen wird dabei bewußt zur Kenntnis genommen und weitergeführt. Diese lineare Planung zielt z. B. auf ein technisch perfektes Produkt, ohne sich um Nebenerscheinungen zu kümmern. Es ist kein Wunder, wenn sich diese linearen Entwicklungsrichtungen zum Teil ineinander verstricken und Zustände entstehen, die nicht erwünscht sind (29).

1.2. Teilhabe an der Führung, ein Anliegen der Industriegesellschaft

Die Meinung, daß ein „Mehr an menschlicher Mitwirkung" bei der Führung der Unternehmen notwendig ist, wird heute fast allgemein anerkannt. Der Wunsch nach *Teilhabe an der Führung* kann als ein echtes und begründetes Anliegen der modernen „Industriegesellschaft" gewertet werden, wenn man ihr unterstellt, daß sie damit die wachsende Kluft zwischen den Menschen und den immer komplexeren und zunehmend automatisierten Systemen des Wirtschaftslebens mit neuen Methoden zu meistern versucht. Von den Gewerkschaften wird betriebliche und überbetriebliche Mitbestimmung gefordert.

Die direkte Teilnahme ist in der Familie, der Arbeitsgruppe und dem Freundeskreis unentbehrlich. Fehlt sie in diesen kleinsten Gemeinschaften, so kommt es zu schweren Enttäuschungen, zu Frustrationen. Der Wunsch nach direkter Teilnahme ist in zunehmendem Maße auch im politischen Leben zu verspüren. Die *politische Gemeinschaft* ist eine vollkommene Gesellschaft, die ihr eigentliches Ziel darstellt. Es ist daher normal, daß die Gewalt nach dem Willen der Mitglieder gebildet wird; einem Aufbau der direkten Teilnahme kann prinzipiell nichts im Wege stehen (15).

Ein *Unternehmen* ist hingegen eine Gemeinschaft zur Erzeugung oder Dienstleistung. Ihr wesentliches Ziel, nämlich der Dienst an den Mitbürgern, die die Produkte verbrauchen oder Leistungen in Anspruch nehmen, liegt außerhalb dieser Produktionsgemeinschaft. Das Unternehmen ist in der freien Marktwirtschaft vom Konsumenten und vom Besitzer, in der gelenkten Wirtschaft von den Repräsentanten des Staates, abhängig. Das zweite, aber nicht weniger wichtige Ziel eines Unternehmens ist es, abgesehen von Leistungen an die Kapitaleigner,

1.2. Teilhabe an der Führung, ein Anliegen der Industriegesellschaft

die Mitarbeiter in erster Linie materiell, aber auch psychologisch zufriedenzustellen. Es ist offensichtlich gerade durch das doppelte Ziel des Unternehmens sehr schwierig, Institutionen zu finden, die möglichst vielen Mitarbeitern die Teilnahme und mit den notwendigen Beschränkungen auch die Teilhabe an der Führung sichern (36).

2. Unternehmensplanung als Institution

Planen als ein auf die zukünftige Marktentwicklung ausgerichtetes prospektives Denken

In Unternehmen wird immer wieder von der stillschweigenden Annahme ausgegangen, daß das, was technisch realisierbar und produzierbar ist, auf dem Markt auch gewinnbringend abgesetzt werden könne. Diese geistige Einstellung läßt weder ein Planen als ein auf die zukünftige Marktentwicklung ausgerichtetes prospektives Denken zu und noch weniger das Wirken einer institutionalisierten Unternehmensplanung. Eine derartige Einstellung ist nicht ungefährlich, da es zum Wesen der Marktwirtschaft gehört, daß sie Unternehmen, deren Leistungen vom Markt nicht mehr oder nicht mehr genügend honoriert werden, mit der Zeit eliminiert. In dieser Funktion ist der Markt unerbittlich, unsentimental und unbestechlich.

Wir müssen vielmehr versuchen, vor unternehmerischen Entscheidungen das zukünftige *Marktgeschehen* systematisch und gedanklich rational zu durchdringen und die zu erwartende technische Entwicklung realistisch zu beurteilen. Unter Beachtung der eigenen Stärken und Schwächen (52) lassen sich dann in der Folge *Ziele* des Unternehmens festlegen, die praktisch zunächst verbal fixiert und dann in Umsätze, Marktanteile, Erträge und die Verzinsung von eingesetztem Kapital zu quantifizieren sind (27). Eine Unternehmensplanung als Institution kann diesen Planungsprozeß koordinieren und Unterlagen für zu treffende unternehmerische Entscheidungen erarbeiten. Die Entscheidungen bleiben nach wie vor der Geschäftsleitung oder den Linienverantwortlichen vorbehalten, sie sollen aber durch einen systematischen Denkprozeß besser untermauert und ergänzt werden (27). Die Unternehmensplanung wird die Informationsbasis verbreitern, die Entscheidungsfindung durchsichtiger machen und damit das mit jeder Entscheidung verbundene Risiko einengen (43).

Praktisch sollte eine Planungsorganisation die Geschäftsleitung in die Lage versetzen, die Entwicklung für die nächsten 2 - 3 Jahre zu überblicken, damit — wie es in der Investitionsgüter-Industrie immer wieder vorkommt — Betriebe auf Marktbewegungen nicht zu spät reagieren und so leicht von einem Extrem in das andere fallen. Störungen des Betriebsgeschehens durch eine veränderte Situation sollen also durch eine entsprechende Rückführung — dem Feedback der Kybernetik — nicht zu groß werden.

Planen als ein auf die Marktentwicklung ausgerichtetes Denken 15

Man sieht heute schon weitgehend ein, daß bei der Einführung eines neuen Produktes die *Marktuntersuchung* an den Anfang zu stellen ist. Preisvorstellungen und eine Planung des mit der Einführung verbundenen Aufwandes sind die nächsten Schritte. Viele mußten schon die bittere Erfahrung machen, daß sich auch gute Ideen anders eben nicht durchsetzen lassen. Planvolles Handeln bestimmt immer stärker den Führungsstil und die Entscheidungstechnik. Was man rechnen kann, muß auch methodisch behandelt werden. Intuition ist auch weiterhin notwendig, wenn nämlich Alternativen gesucht werden müssen. Ein Überbetonen des Fingerspitzengefühls kommt aber einem Verzicht auf wissenschaftliche Methoden gleich.

Bei der Einrichtung einer *Unternehmensplanung* sind zwei Grundsätze besonders beachtenswert:

A. das Prinzip der dezentralisierten Initiative und der zentralen Synthese und Koordinierung durch die Unternehmensplanung,

B. die Erkenntnis, daß die Unternehmensplanung nicht verantwortlich für die Entscheidungsbildung sein darf.

Der zweite Grundsatz ist verständlich, wenn man bedenkt, daß wohl niemand, der die Möglichkeit hat, Entscheidungen zu fällen, die Geduld aufbringen würde, Alternativen zu verfolgen (29). Die mit der Unternehmensplanung beauftragte Führungskraft muß Erfahrung und Erfolge in einer langjährigen Tätigkeit in Linienfunktionen nachweisen können. Sie sind die Voraussetzung für die nötigen Kenntnisse und das erwartete Einfühlungsvermögen. Die Unternehmensplanung kann selbst keine Erfolge nachweisen. Sie hilft den Linienverantwortlichen und darf zu diesen unter keinen Umständen in Konkurrenz stehen, und schließlich wird es ständige Anstrengung kosten, dafür zu sorgen, daß die Ergebnisse der Planung genügend rasch von möglichst vielen Personen zur Kenntnis genommen und ausgewertet werden.

3. Zielsetzung

Unternehmensphilosophie — die Unternehmenspolitik schriftlich formulieren

Die Grundsätze und Richtlinien für die Gestaltung und Führung eines Unternehmens werden oft unter der Bezeichnung *Unternehmenspolitik* zusammengefaßt (65). Die Unternehmenspolitik ist das Ergebnis einer Willensbildung der leitenden Organe des Unternehmens, die gegenüber den Führungskräften den Charakter von Weisungen hat. Es sind Vorstellungen über das Erstrebenswerte, die die Mitarbeiter bei ihrer täglichen Konfrontation mit der Umwelt im Auge behalten sollen, wobei erwartet wird, daß sie die verbleibende Handlungsfreiheit optimal nutzen.

Die Willensbildung der leitenden Organe des Unternehmens geht von Einzelpersonen aus, die als Individuen und als Angehörige einer Gemeinschaft aktiv werden müssen (individual and social activities) (30). Dieses menschliche Handeln (human activity) basiert einerseits auf Wertvorstellungen und Motivationen der zu den Willensbildungszentren gehörenden Personen und wird andererseits durch die Einschätzung von Gegebenheiten und Entwicklungstendenzen des Unternehmens und die Einflüsse der verschiedenen Systeme seiner Umwelt bestimmt. Es kommen allgemeine Zielvorstellungen zustande, die in Anlehnung an den amerikanischen Ausdruck „management philosophy" als *Unternehmensphilosophie* bezeichnet werden können (65). Von der Unternehmensphilosophie ausgehend ist die Unternehmenspolitik festzulegen. Bei der Konkretisierung von diesem noch allgemeinen Zielsystem und der Verhaltensnormen setzt die Unternehmensplanung ein. Die sukzessive Umwandlung der Unternehmenspolitik in Zielsetzungen und Maßnahmen erfolgt in fortschrittlich geführten Unternehmen durch die Planung (65). In Bild 1 wird versucht, die Zusammenhänge zwischen dem Unternehmen, den Systemen seiner Umwelt, Handlungen der leitenden Organe und den Begriffen Wertvorstellungen, Unternehmensphilosophie und Unternehmenspolitik schematisch darzustellen.

Die Unternehmenspolitik schriftlich formulieren

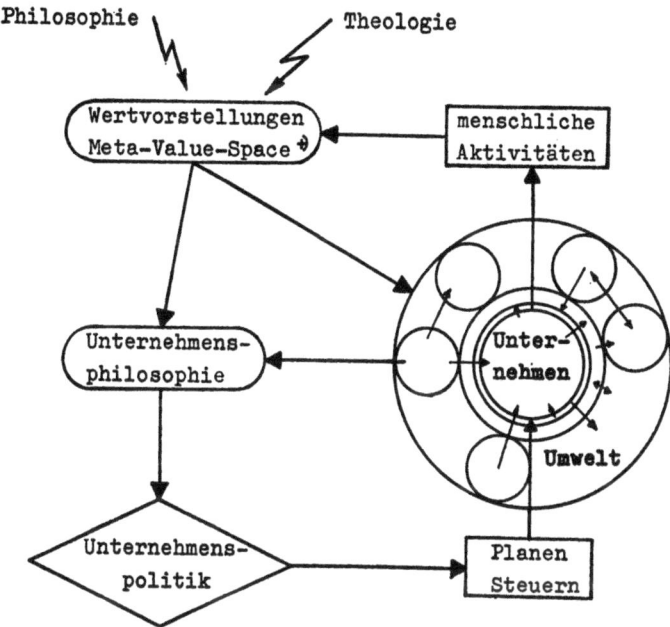

Bild 1. „Reale" und „ideale" Grundlagen der Unternehmenspolitik
(nach H. Ulrich)
+ aus (30)

Wenn anerkannt wird, daß ein Unternehmen eine Gemeinschaft zur Erzeugung oder zur Dienstleistung ist, dann können folgende *allgemeine Ziele* erstrebenswert erscheinen:

Der Dienst an Menschen oder Körperschaften, die Produkte kaufen oder Dienstleistungen in Anspruch nehmen,

die Mitarbeiter im materiellen und auch im immateriellen Bereich zufriedenzustellen und der Dehumanisation der Arbeit entgegenzuwirken,

für eine ausreichende Kapitalverzinsung zu sorgen

und der Rolle des Unternehmens in der Gemeinschaft (Aufbringung der notwendigen Mittel) gerecht werden.

Diese Zielsetzungen lassen sich in beliebiger Weise variieren und ergänzen.

Sie sind aber normalerweise nur zu verwirklichen, wenn, bezogen auf den einzelnen Beschäftigten, eine ausreichende Wertschöpfung gesichert ist.

Die schriftliche *Formulierung der Unternehmenspolitik* (policy planning) ist grundsätzlich kein Kriterium für eine gute Unternehmenspolitik. Die wachsende Komplexität des betrieblichen Geschehens läßt es aber ratsam erscheinen, dies zu tun. Die Erfahrung hat gezeigt, daß der in Bild 1 angedeutete Prozeß in vielen Betrieben erst durch die Absicht ausgelöst wurde, die Unternehmens- oder Geschäftspolitik doch einmal schriftlich festzulegen (55).

4. Der Zielsetzung entsprechendes Führungsverhalten

4.1. Ein konsultativ-partizipativer Führungsstil kann fachlich und persönlich geeigneten Führungskräften eine gewisse Autonomie in ihrem Aktionsbereich einräumen

Nach der Funktionstheorie von *Taylor* ist der Mensch im Betrieb ein rationeller Produktionsfaktor. Arbeitsteilung und eine in vielem verbesserte Arbeitstechnik haben zu einer ungeheuren Ausweitung der Produktion geführt. Zu den klassischen Produktionsfaktoren — Kapital und Arbeit — ist mit der Zeit als dritter Faktor die Kreativität oder besser gesagt: das Geistkapital hinzugekommen. Der Arbeitsprozeß läßt oft wenig Raum für die Entfaltung und die Initiative des Einzelnen, obwohl der Einsatz von Geistkapital mit der aktiven Mitarbeit eines größeren Personenkreises verbunden sein müßte. Planen ist Geistarbeit, die aber nur erfolgreich sein kann, wenn der Führungsstil im Unternehmen die höheren Bedürfnisse der mit dieser Aufgabe befaßten Mitarbeiter anspricht. Einem *autoritär-patriarchalischen Führungsstil* würde es entsprechen, Ziele und Strategien von oben herab festzulegen und entsprechende Maßnahmen zu befehlen. Für die Einhaltung von Plänen fühlt sich dann kaum einer richtig verantwortlich. Fachlich und persönlich geeignete Führungskräfte werden sich entfalten können, wenn ihnen ein *konsultativ-partizipativer Führungsstil* eine gewisse Autonomie in ihrem Aktionsbereich einräumt, eine Teilverantwortung und Entscheidungskompetenz zuweist und sie in den Planungsprozeß arbeitsmäßig einbezogen werden. Der Übergang von der statisch adaptiven zu einer dynamisch aggressiven Unternehmensphilosophie (1) ist in einem bestehenden Unternehmen ein länger dauernder Prozeß, der aber nicht unwesentlich von Entwicklungen in der Gesellschaft beeinflußt wird. Gelingt es einem Betrieb, zeitlich früher eine seinen Gegebenheiten angepaßte partnerschaftliche Führungskonzeption einzuführen, so bringt dies sicher einen Vorsprung im Wettbewerb.

4.2. Planen als sozialer Prozeß — Wer soll planen?

Vorerst die ganz kritische Frage: *„Wer soll planen?"* Man denkt bei dieser Frage häufig an sogenannte Technokraten, die natürlich von bestimmten Leuten kontrolliert werden müßten. Eine Lösung dürfte das

4.2. Planen als sozialer Prozeß — Wer soll planen?

kaum sein, da einseitige Spezialisten nicht die notwendigen Kommunikationen zu den Ausführenden herstellen können, die kontrollierenden Personen nicht direkt am Planungsprozeß mitwirken und schließlich ihre allfällige Legitimität nicht von Dauer sein kann (38). Der in einem Arbeitsprozeß stehende Mensch will heute mehr denn je in sachliche Entscheidungen einbezogen werden oder zumindest das Gefühl haben, einbezogen zu sein. Planung kann überhaupt nur sozial wirksam werden, wenn sie dem Sozialverhalten der Menschen Rechnung trägt, wenn sie, nicht nur, aber in geeignetem Maße als sozialer Prozeß verstanden und auch gehandhabt wird (5). Es muß daher der Kreis der auf verschiedenen Ebenen an einem Planungsprozeß Mitwirkenden sich mit der Zeit von selbst vergrößern (38).

Eine Statistik über den Prozentsatz der von Einzelautoren und von mehreren Autoren verfaßten wissenschaftlichen Arbeiten zeigt eine interessante Parallele. Einzelautoren sind nur mehr bei etwa 20 % der Arbeiten genannt (12). Ein Zeichen, daß die Rolle der Einzelpersönlichkeit in der Forschung abnimmt. Erkenntnisse werden häufig sogar innerhalb einer kurzen Zeitspanne voneinander unabhängig gewonnen. Es muß auch für das Planen im Unternehmen die Zeit „reif sein", dann werden sich die Widerstände, die allen Änderungen und Neuerungen entgegengesetzt werden, überwinden lassen.

Teilhard de Chardin hat vor mehr als 30 Jahren seine mystische Vision (9) von der *Evolution* der Menschheit entwickelt (63).

„Evolution ist der Aufstieg des Bewußtseins der Menschen, das mit wachsender Komplexität der Vorgänge zunehmen muß. Wie aber kein Element sich bewegen oder wachsen könnte, ohne die Hilfe und die Kraft der anderen hinter sich zu haben, so muß auch das wachsende Bewußtsein der Menschen eine Einigungswirkung haben. Es müssen alle zusammen nach einem Ziel drängen, indem sich alle zusammen, wenn auch unter dem Einfluß und der Führung von Einzelnen oder einer Elite, vereinigen, um sich in einer geistigen Erneuerung der menschlichen Gesellschaft zu vollenden."

Diese Vision setzt, auf ein Unternehmen übertragen, eine *informierte Gesellschaft* voraus, wobei es besonders auf die Qualität von Informationen und die Bereitschaft, diese rasch in Entscheidungen umzusetzen ankommt. Ist das eine Utopie?

Von Fachleuten wird die Ansicht vertreten, daß in 20 - 30 Jahren die Computertechnik so weit ausgebaut sein wird, daß alle Gruppen bei der Bildung von Entscheidungen mitwirken könnten. Dieses Verfahren einer direkten Teilhabe an Entscheidungen läßt sich im wesentlichen durch einen Dialog einzelner Mitarbeiter mit einem Computer verwirklichen, der in einem Frage-Antwort-Spiel in allgemein verständlicher Form vor Augen führt, welche Konsequenzen in dem sonst nicht mehr überschaubaren System Unternehmen die Beeinflussung von Entscheidungen durch den Einzelnen hätte.

4. Der Zielsetzung entsprechendes Führungsverhalten

4.3. Planung, ein ordnendes Verfahren für die Mitwirkung bei Entscheidungen (Mitbestimmung)

Aus diesem Zukunftsbild muß jedenfalls der Schluß gezogen werden, daß sachkundige Personen mehr als bisher an *Entscheidungsprozessen* zu beteiligen sein werden. Die Mitwirkung einer steigenden Zahl von Personen an der Vorbereitung von Entscheidungen und mehr noch der dazu notwendige konsultativ-partizipative Führungsstil (s. 4.1.) können aber aus der Sicht des in der Leitung von Unternehmen tätigen Praktikers nur zum Erfolg führen, wenn ein ordnendes Verfahren zur Analyse von Problemen, zur Synthese von verschiedenen Ideen, zu der Formulierung von Verhaltensnormen und schließlich auch zu der unerläßlichen Kontrolle der Einhaltung von Beschlüssen existiert. Ein derartiges Verfahren nennen wir schlechthin: *Planung* (40), sie ist die Gewähr dafür, daß ein partizipativ geführtes Unternehmen nicht doch einen Zick-Zackkurs steuert und mit der Zeit manövrierunfähig wird.

Wird andererseits Planung im Unternehmen von einem Einzigen oder einer zu kleinen Gruppe betrieben, so besteht die Gefahr, daß diese Leute in die Isolierung geraten und wirklichkeitsfremd handeln. Die Rolle des professionellen Planers ist überhaupt sehr umstritten. Wir müssen, wie *Atteslander* (6) formulierte, das Konzept, *für* die Menschen planen zu wollen, verlassen und vermehrt *mit* ihnen planen. Der Laufplan (flowchart) (Bild 2) zeigt die zahlreichen Anforderungen, die an einen systematischen Entscheidungsprozeß gestellt werden. Die Forderung, mit den Menschen zu planen, ist als eine Notwendigkeit und nicht zu sehr als ein Zugeständnis zu werten. Ziele festlegen, Prioritäten bestimmen, Probleme analysieren, Alternativen finden und Auswahlkriterien festlegen, sind durchaus Aufgaben kreativ tätiger Führungsteams.

4.4. Arten der Teilhabe an der Führung

Auf die Schwierigkeit, das dem wesentlichen Ziel eines Unternehmens entsprechende Ausmaß und die richtige Form einer Teilhabe an der Führung zu finden, wurde schon in der Einleitung hingewiesen. Formen und Ausmaß der *Teilnahme* werden von Unternehmen zu Unternehmen verschieden sein müssen. Es gilt zunächst, die möglichen Arten der Teilnahme aufzuzählen und diese auf ihren Wert und ihre Anwendbarkeit zu untersuchen (15).

Einfache Formen der Teilnahme sind der *Gehorsam*, die *Information* und die *Konsultation*. Sie bedingen keine besondere Verantwortung, abgesehen, wenn der Gehorsam verweigert werden kann. Der Gehorsam gilt im übrigen als altmodisch, als reaktionär, die Arbeit in der Gruppe

4.4. Arten der Teilhabe an der Führung

ist aber ohne Disziplin nicht möglich. Bemühungen um den Ausbau eines Informationswesens laufen in vielen Unternehmen; sie sind dort erfolgreich, wo das Gerücht an Bedeutung verliert. Die Konsultation ist

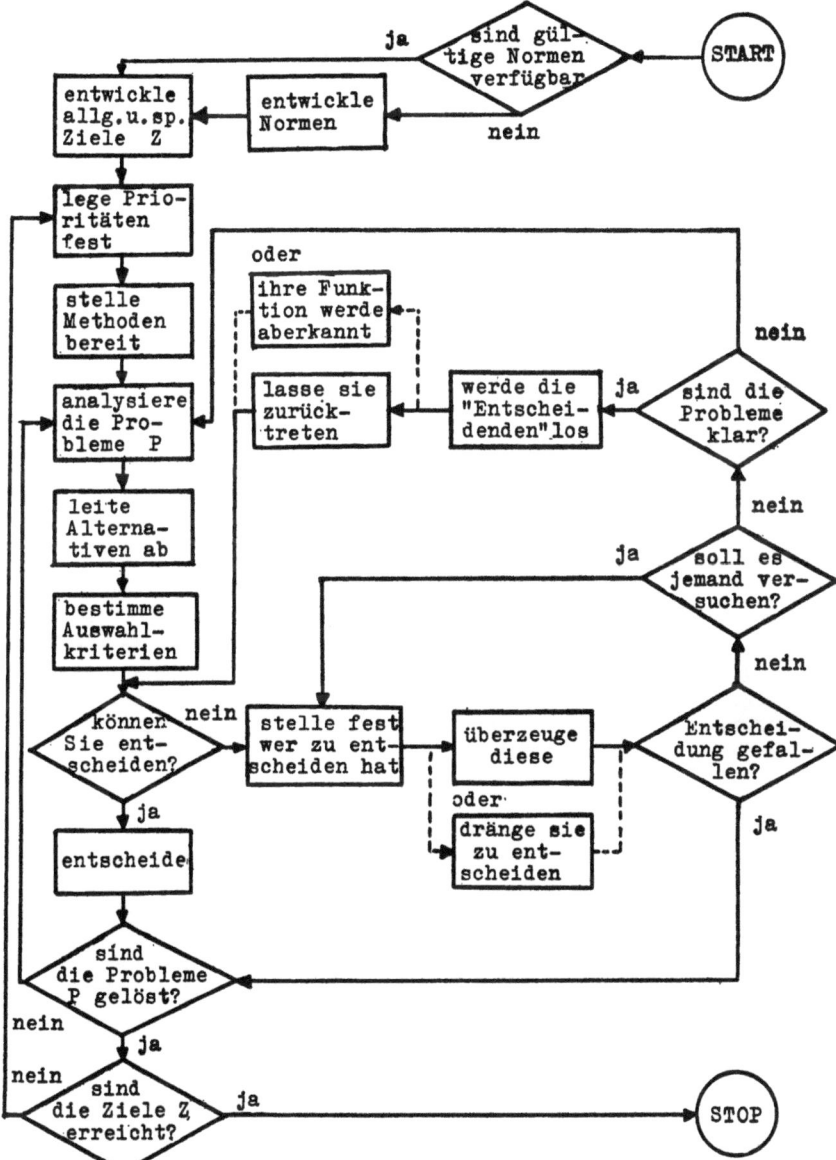

Bild 2. Entwurf eines Laufplanes für einen normativen Entscheidungsprozeß
(nach H. H. Koelle in: analysen und prognosen, Mai 1970)

der gegenseitige Austausch von Informationen, sie ist ein Mittel, den Dialog zwischen Vorgesetzten und Mitarbeitern in Gang zu bringen. Eine praktische Konsultation liegt in dem vertrauensvollen Verhältnis, das erfolgreiche Unternehmer und Direktoren zu den Vertretern der Arbeitnehmer pflegen. Aus dem betrieblichen Vorschlagswesen stammende voraussichtlich realisierbare Anregungen in die Planung einzubeziehen, ist ein anderes Beispiel für eine gelungene Konsultation.

Ein weiteres Mittel zur Teilnahme ist die Abstimmung oder die Wahl von Vertretern. Die Wahl von Vertretern ist unter gewissen Umständen das einzige Mittel, das Institutionen zur Vertretung der Arbeitnehmer dem Einzelnen zur — wenn auch nur unvollständigen — Äußerung seiner Meinung bieten können. Die Abstimmung ist ein ziemlich in den Anfängen stehendes Mittel der Teilnahme, notgedrungen ohne Nuance und vielfach wenig wirksam. Es ist das Instrument einer statistischen „Demokratie", das zum Erdrücken von Minderheiten und zum Ersticken der Persönlichkeit führen kann.

Ein privilegiertes Mittel der direkten Teilnahme ist der *Dialog*. Er kann im Gegensatz zu der nur statistischen „Demokratie" die notwendige Übereinstimmung (Konsens) herbeiführen. Der Dialog ist in seiner praktischen Verwirklichung schwierig. Er ist aber immer befriedigend, selbst wenn er nicht mit einer Übereinstimmung endet, da er Mißverständnisse und Verärgerungen vermeiden kann.

Der Dialog ist vielleicht die älteste und die menschlichste Form der Teilnahme. Er ist die „Demokratie des Palavers", die seit undenklichen Zeiten in afrikanischen Dörfern praktiziert wird (14). Er ist die Teilnahme, die langsam einen Konsens herbeiführt. Der Dialog ist unentbehrlichen Bedingungen unterworfen; die Gruppe darf nicht zu zahlreich sein, der Gegenstand des Dialoges darf nicht dringende Lösungen verlangen. Schließlich müssen die Teilnehmer am Dialog nicht nur wörtlich, sondern auch geistig annähernd dieselbe Sprache sprechen. Diese Bedingungen werden häufiger anzutreffen sein, als man allgemein glaubt, vor allem, wenn Verantwortung so weit als möglich in den Bereich der Ausführenden übertragen wird (Subsidiarität).

Demoskopische Umfragen, d. h. das Fühlen am Puls der Geführten, als Mittel der direkten Teilnahme anzusehen, ist problematisch. Die sogenannte öffentliche Meinung, und das gilt auch für ein Unternehmen, ist von zweifelhafter Legitimität. Sie ist meistens durch Informationen beeinflußt, sie entbehrt der echten Kommunikation; Äußerungen und Aussendungen der Geschäftsleitung oder der Personalvertretung werden vielfach nur reflektiert.

Eine weitere Form der Teilnahme ist der *Streik*. Er sollte beschränkt bleiben auf besondere Fälle, bei denen der Dialog zusammengebrochen ist, bei welchen Menschen das Opfer einer Ungerechtigkeit wurden oder unterdrückte Minoritäten die Aufmerksamkeit auf sich lenken wollen.

4.5. Stimmt Führungskonzeption mit Inhalten der Demokratie überein? 23

Die *Teilnahme an der Verwaltung und der Geschäftsleitung* stellt die hervorragende Form dar. Sie ist ohne Verantwortung unvorstellbar und muß irgendwie begrenzt sein, da die verantwortliche Geschäftsleitung im großen und ganzen nicht teilbar ist. *Negative Formen der Teilnahme* sind die Kritik, die Kontrolle und schließlich das Genehmigen oder Zur-Rechenschaft-Ziehen. Diese Formen der Teilnahme nehmen der Geschäftsleitung die Möglichkeit, ihren, vor allem auch den gesetzlich verankerten Verpflichtungen nachzukommen. Daher ein NEIN zu solchen Formen der Teilnahme; Erfahrungen, die in den Staatswirtschaftsländern gemacht wurden, beweisen es.

4.5. Stimmen die Prinzipien einer konsultativ-partizipativen Führungskonzeption mit den wesentlichen Inhalten der Demokratie überein?

Teilhabe an der Führung ist wohl nicht gleichzusetzen mit dem Prinzip einer *Demokratie*. Die sehr verbreitete Meinung aber, daß Demokratie mit der Führung eines Unternehmens überhaupt unvereinbar sei, beruht mehr auf ungenügender Kenntnis der Grundlagen einer Demokratie. Die folgende, mehr allgemein gehaltene Definition der Demokratie (14) läßt vielmehr eine Übereinstimmung zwischen den wesentlichen Inhalten der Demokratie und den Prinzipien einer konsultativ-partizipativen Führungskonzeption erkennen.

Die Demokratie ist eine soziale Regel, die dem Ursprung nach die Sicherheit und Entfaltung der Person in einem sozialen Gebilde bewirken soll. Ihr Ziel ist, das gemeinsame Wohl einer Gruppe sicherzustellen. Demokratie kann auf jede menschliche Gemeinschaft angewendet werden, die gemeinsam handelt im Hinblick auf ein gemeinsames Ziel. Dabei ist es gleichgültig, ob es sich um die parlamentarische Demokratie in einem Staate handelt oder um die Repräsentation einer Vereinigung.

Als Werte der Demokratie gelten die *Freiheit* zu denken, zu handeln, sich zu vereinigen; die *Gleichheit* oder vielmehr das Streben nach Gleichheit, — nicht so sehr die materielle Gleichheit, die nur eine scheinbare sein könnte, aber die Gleichheit an Würde und die Gleichheit der Entfaltungsmöglichkeiten; schließlich die *Gerechtigkeit*, die aber wieder verschiedenen Deutungen unterworfen ist. Der wesentliche Inhalt der Demokratie ist aber die *Teilnahme* an den verschiedenen Phasen der gemeinsamen Aktion und der Verantwortung, die sie mit sich bringt. Echte Demokratie ist ohne Mitwissen und die Fähigkeit, beurteilen zu können, nicht möglich. So ist es auch zu verstehen, daß das Wort „Demokratie" so zahlreichen Verzerrungen und Entstellungen ausgesetzt ist. Demokratie setzt Handeln voraus; sie kann *nicht*

4. Der Zielsetzung entsprechendes Führungsverhalten

einfach angesehen werden als Gesamtheit von sozialen Werten, die gefühlsmäßig gewünscht und schnell verwirklicht werden könnten, wenn nicht die Inhaber der Gewalt in Politik oder Wirtschaft ein Hindernis darstellen würden. Demokratie kann, jedenfalls bei größeren Gemeinschaften, nicht bedeuten, daß alle bei allem mitreden. Navigatorische Entscheidungen eines Schiffskapitäns werden nicht von der Zustimmung seiner Besatzung, Entscheidungen eines Verkehrspolizisten nicht von dem Einverständnis der Verkehrsteilnehmer abhängig gemacht. Demokratie soll aber verhindern, daß eigene Forderungen und Ziele zum Nachteil anderer durchgesetzt werden, und bewirken, daß eine in der Geschichte der Menschheit immer wiederkehrende Erscheinung, nämlich die Aggressivität, bewältigt wird.

Die Demokratie wird nur Zukunft haben, wenn sie sich als fähig erweist, die Lebensprobleme zu lösen, indem sie die Menschen zu einer weitgehendsten *Übereinstimmung* bringt. Voraussetzung ist eine breite, aus allen Teilen der Bevölkerung rekrutierte und sich immer wieder erneuernde Führungsschicht. Man sollte sich hüten, in der Demokratie nur eine Summe von Spielregeln oder einen bloßen Mechanismus zu sehen. Die Demokratie muß mehr sein, kann aber der Entartung nur entgehen, wenn sie von eben dieser Führungsschicht getragen wird, einer Elite, die Dienen vor Verdienen setzt, die fähig ist, Kritik zu hören und diese zu nutzen, die bereit ist, sich persönlich zu engagieren.

In kleinen Gemeinden oder Verbänden wird die Teilnahme in der Regel funktionieren. Man wünscht mitzuhandeln bei den Angelegenheiten, die man gut kennt und gut versteht, zusammen mit Menschen, die man kennt und die einander nahestehen. In größeren Gemeinschaften sind zur Teilnahme differenziertere Kenntnisse notwendig; die Teilnahme aller an allem ist nicht mehr gesichert. Der Wunsch teilzunehmen ist in diesen Bereichen noch bei vielen vorhanden, die Teilnahme wird aber durch Vertreter wahrgenommen, die bei dieser Größe der Gruppe noch persönlich bekannt sind.

Der Staat, die Länder und die großen Städte sind politische Gemeinschaften, in welchen sich die Menschen nicht mehr kennen und Vertreter wählen müssen, die sie ebenfalls nicht mehr kennen, vielleicht niemals gesehen haben. Das Interesse an der Teilnahme wird nur mehr bei einem Teil der Bevölkerung zu finden sein, nicht immer als ein wesentliches und dauerndes Bedürfnis. Die Teilnahme beschränkt sich auf die Wahl von Vertretern, es ist mehr eine *symbolhafte Teilnahme*. Die direkte Teilnahme ist also in diesen Gemeinschaften im großen und ganzen mit der Wahl des Nationalrates (Bundestages) und des Bundespräsidenten, des Landtages und des Gemeinderates sowie mit dem Bezahlen der Steuern beendet. Das in der österreichischen Verfassung vorgesehene Plebiszit wäre eine Form der direkten Teilnahme, die aber bisher nur selten verwirklicht wurde.

Wir sind dennoch gegenüber dem politischen Leben nicht völlig entfremdet und wehrlos. Eine mit der Größe der politischen Gemeinschaft abnehmende Quote von Staatsbürgern sucht lebhaft nach Möglichkeiten der direkten Teilnahme und findet diese in Zusammenschlüssen von

4.5. Stimmt Führungskonzeption mit Inhalten der Demokratie überein?

Menschen in den Parteien, Klubs, Gewerkschaften oder Vereinigungen. Diese *Zwischenkörperschaften* (corps intermediaires) stoßen vom Volke zum Staate hin. Sie haben es sich zur Aufgabe gemacht, zu politischen Entscheidungen Stellung zu nehmen und ihre Mitglieder zu informieren. Sie verfügen über Kommunikationsmittel und geben Gelegenheit zu Unterredungen mit Vertretern der Macht. Die Zwischenkörperschaften machen die indirekte Teilnahme wirksamer. Sie sind gleichzeitig eine Struktur, die verhindert, daß Staatsbürger isoliert und direkt der Macht konfrontiert sind, wenngleich sie dazu beigetragen haben, diese zu bilden und einzusetzen.

Wir leben jetzt in einer Periode, die durch die Komplexität und den hohen technischen Grad der öffentlichen Angelegenheiten gekennzeichnet ist. Dabei ist die Tendenz zu beobachten, daß der materiellen Sicherheit mehr Gewicht beigemessen wird als den schon genannten Werten der Demokratie. Die Zeit der Raufereien bei den Wahlen, der Kämpfe der Parteien scheint vorbei zu sein. Geblieben ist der Wunsch nach einer ohne Leidenschaftlichkeit ausgeübten *Kontrolle* über eine starke Macht, der das Vertrauen eingeräumt ist, die Sicherheit und den Wohlstand zu garantieren. In Zukunft gesehen — und die Unruhe, die weltweit die Jugend ergriffen hat, ist schon ein Anzeichen dafür — muß es den vermittelnden Körperschaften gelingen, das Interesse an den großen Problemen auf dem Niveau der direkten Teilnahme wieder zu beleben, da sich sonst die Teilnahme darauf beschränken wird, in kurzen Zeitabständen das Vertrauen in eine Regierung oder Führung zu erneuern oder nicht zu erneuern.

Wenn es gelingt, die *direkte Teilnahme im Unternehmen*, allerdings mit der notwendigen Beschränkung, weiter auszubauen, dann kann auch wieder mit positiven Auswirkungen auf die direkte Teilnahme im öffentlichen Leben gerechnet werden. Die Einheit der Person schließt krasse Unterschiede in dem Ausmaß der Teilnahme in den verschiedenen Bereichen der Existenz aus. Es muß mit Reaktionen von einer Sphäre des Lebens zur anderen gerechnet werden. Das gilt für die Institutionen der Freizeit, des Sportes, der Kultur genauso wie für das wirtschaftliche und das politische Leben.

5. Die der Zielsetzung entsprechende Organisation

5.1. Das Unternehmen als produktives soziales System

Der richtige Aufbau der Organisation ist eine unabdingbare Grundlage für gute Leistungen, er ist aber nicht — wie viele Organisationsexperten glauben — das einzige auf das es bei der Führung von Unternehmen ankommt (13). Die Organisationsstruktur ist die Anatomie, der Prozeß der Unternehmensführung aber ist vergleichbar mit den regen Interaktionen in einem lebenden Organismus, er entspricht der Biologie. Der durch die Arbeiten des Nationalökonomen *Boulding* und des Biologen *v. Bertalanffy* um 1950 begründeten interdisziplinären Forschung verdanken wir universell anwendbare Erkenntnisse (25), die für das Management und die Unternehmensplanung von großem Wert sein können. Die Systemforschung betrachtet das Unternehmen von seinen allgemeinen Zielen (s. 3.) ausgehend, als *produktiv-wirtschaftliches*, zu seiner Umwelt offenes, *soziales System* (65). Es läßt sich als Input-Output System beschreiben, das Produktionsfaktoren beschafft und mit deren Hilfe Güter oder Dienstleistungen als Output liefert (25).

Bei einem rein formalen Aufbau der Organisation kann auf die ständig wechselnden Bedingungen, denen das System Unternehmen unterworfen ist, kaum Rücksicht genommen werden. Die das Unternehmen als Ganzes betreffenden Probleme und Aufgaben werden aufgespalten (25). Die fortschreitende Spezialisierung zwingt dem entgegen zu einer betont interfunktionellen Kooperation und zu dem Abbau von Barrieren, wie sie immer noch zwischen Bereichen, wie Verkauf und Technik, Einkauf und Arbeitsvorbereitung, Fertigung und Verwaltung, sowie anderen bestehen. Nach der organismischen Systemauffassung (9) muß in einem dem Planen zugänglichen Unternehmen die Organisationsstruktur die Zusammenarbeit und den Gruppenprozeß fördern. Es kann nur so zu der regen Interaktion kommen die die Voraussetzung dafür ist, daß die Organisation — gleich einem Organismus — sich selbst kontrolliert, erhält und weiterentwickelt.

5.2. Ein „dreidimensionales" Organisationskonzept

Bedeutende Konzerne der Investitionsgüter-Industrie (z. B. SULZER, KRUPP) sind vermutlich im Verfolgen dieser Gedanken dazu übergegangen, die Stablinien-Organisation durch ein *„dreidimensionales"* *Organisationskonzept* zu ersetzen (27). Für jede Produktgruppe ist ein verantwortlicher Fachmann quer durch die Linienorganisation leitend tätig. Er ist im wesentlichen gleichrangig mit den für die einzelnen Märkte zuständigen Regionalleitern und den Fachfunktionen, wie Marketing, Entwicklung, Produktion, Finanzen, Personal u. a. Isolierte Organisationsbereiche und Linienunterstellungen werden also nicht mehr ihre bisher dominierende Rolle spielen (27).

Ein der Zielsetzung angepaßter Organisationsplan wird im allgemeinen einfacher werden, da Hilfsstellen mit unklarem Aufgabenbereich entfallen können und die Zahlen der Linienabteilungen, wenn sie mit größeren Kompetenzen und mit mehr Verantwortung ausgestattet werden, sich erfahrungsgemäß verringern lassen (59). Ein deutliches Zeichen für schlechte Organisation ist die Zunahme der Rangstufen beim Management. Ein Kennzeichen für schlechte Organisation ist es auch, wenn besondere Maßnahmen zur Koordination der verschiedenen Tätigkeiten, wie sogenannte Verbindungsstellen oder Koordinationsausschüsse erforderlich sind (13).

Die Aufgabe der Organisation wird es sein, jede Stelle, ob Stab oder Linie, sinnvoll in den Unternehmensprozeß einzugliedern und den zum Unternehmenserfolg geleisteten Beitrag sichtbar werden zu lassen.

5.3. Interne Bilanzen

Die Ziele des gesamten Unternehmens können nur erreicht werden, wenn möglichst viele Teilbereiche des Unternehmens mit Erfolg arbeiten. Aus dieser Überlegung wurde zuerst in den USA vorgeschlagen, für einzelne Betriebsbereiche eine eigene Kostenrechnung zu führen. Den Leitern der Abteilungen soll es weitgehend freistehen, wie sie die von der Unternehmensleitung beschlossenen Pläne ausführen. Eine Belastung durch die Übernahme der Kosten eines unrationell arbeitenden Nebenbetriebes kann somit abgelehnt werden. Eine klare Abrechnung von Abteilung zu Abteilung läuft auf eine gesunde Konkurrenz innerhalb des „Werkszaunes" hinaus. Teilbereiche mit eigener *Gewinn- und Verlustrechnung* bringen für das dort eingesetzte Kapital eine Rendite. Mit Recht können die verantwortlichen Abteilungsleiter dann auch eine Mitsprache bei der Planung von Investitionen verlangen. Ein vielfach praktizierter Standpunkt, demnach Zentralen immer recht haben, bedarf der Revision, und auf das Eingreifen in Detailentscheidungen muß verzichtet werden (34).

Die Delegation von Aufgaben soll sinngemäß bis hinunter zu den Meistern erfolgen. Kennt ein Meister das für seinen Aufwand ausgehandelte Budget, so kann man sehen, wie gut viele zu wirtschaften verstehen. Es muß nur gerechter Weise für alle Unternehmensbereiche dasselbe gelten und der Einzelne mit einem angemessenen Anteil an dem erwirtschafteten Erfolg rechnen können. Es ist sicher, daß unter derartigen Voraussetzungen vielmehr Initiative zur Vermeidung von Verlusten zu verspüren sein wird und bekannte Forderungen, die nur durch kostspielige Anschaffungen erfüllt werden können, öfters unterbleiben.

Die beschriebene Organisation ist selbstverständlich nur in Verbindung mit einer *Unternehmensplanung* zielführend. Die Pläne sind die wesentliche Grundlage für die Erstellung der Budgets, die nach Vorschlägen der für die Durchführung verantwortlichen Bereichsleiter im Zusammenwirken mit der Kostenrechnung ermittelt werden.

Die Einrechnung von übermäßigen Reserven kann nicht geduldet werden; nach der anderen Seite hin müssen die Zahlen ebenfalls korrekt sein, da sonst begründetes Mißtrauen entsteht. Bei Planabweichungen ist es wieder Sache des Bereichsleiters — nach Beratung mit seinen engeren Mitarbeitern — geeignete Abhilfemaßnahmen in einem direkten Gespräch mit der Geschäftsleitung bzw. der nächsthöheren zuständigen Ebene vorzuschlagen. Der Einblick in diese die eigene Arbeit betreffenden Zahlen wird bei den meisten Mitarbeitern mehr Interesse finden wie eine für den Nichtfachmann oft nur schwer verständliche Bilanz des gesamten Unternehmens oder eines Konzerns.

Der Freizügigkeit des Handelns entsprechend wird sich die Kontrolle auf letztgültige und wesentliche Fakten beschränken. Kriterien für die Beurteilung eines Systems oder Teilsystems werden in Abschnitt 10. behandelt.

5.4. Systematische Entscheidungsprozesse

Durch das Nachahmen der Konkurrenz, durch Herumprobieren und gelegentliches Gelingen ist bei der hohen Anspannung aller Wirtschaftskräfte kein ausreichender Dauererfolg mehr möglich. *Entscheidungen* müssen daher in kühler Objektivität und vor allem *zeitgerecht* gefällt (53), durchgesetzt und in der Ausführung zähe verfolgt werden. Planung ist ein auf die Zukunft ausgerichteter bewußter und rationeller Entscheidungsprozeß (49) (Bild 3) mit folgenden wesentlichen *Phasen:*

I. die Analyse des Problems, die Beschaffung von Daten und Informationen und das Vorschlagen von Zielen,

II. die Ausarbeitung und Bewertung von Strategien,

III. die *erste* wesentliche *Entscheidung,* und zwar über die Auswahl einer der vorgeschlagenen Strategien und die Annahme der vorgeschlagenen Zielsetzung,

IV. die Ausarbeitung der Pläne für die Durchführung,

V. die *zweite* wichtige *Entscheidung,* nämlich die Annahme der ausgearbeiteten Pläne,

VI. die Durchsetzung und Ausführung,

VII. die laufende Kontrolle (58).

5.4. Systematische Entscheidungsprozesse

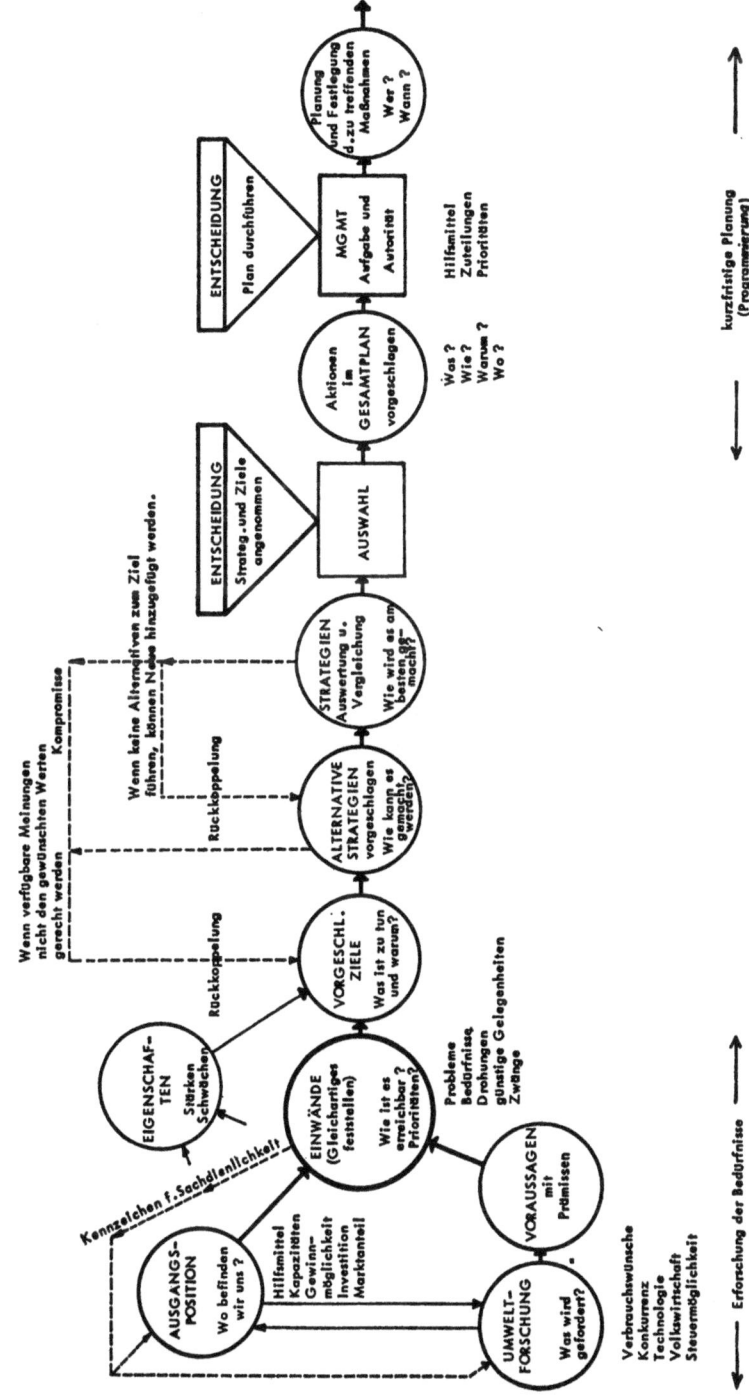

Bild 3. Strategische (programmierte) Planung (nach D. Smalter (58))

5. Die der Zielsetzung entsprechende Organisation

Die *Vorbereitung einer Entscheidung*, die in einem systematischen Prozeß getroffen werden soll, kann gar nicht einer Führungskraft allein überlassen sein. Die erste Phase bereits, nämlich die Festlegung der Ausgangsposition, die Erforschung der Bedürfnisse von seiten des Marktes, die erwartete technische Entwicklung, das voraussichtliche Verhalten der Konkurrenz, volkswirtschaftliche Daten und andere Informationen können ja nur von einem Gremium zuständiger Fachleute diskutiert und erarbeitet werden. Die Zusammensetzung dieser Arbeitsgruppen wird von Fall zu Fall verschieden sein. Handelt es sich um die Einführung einer neuen Produktion, so werden Vertreter von Entwicklung und Konstruktion, Verkauf, Produktion, Einkauf u. a. zusammentreten. Der Leiter der Arbeitsgruppe wird dafür sorgen müssen, daß Gespräche nicht an kleinlichen Fragen hängenbleiben und zum Kern der Probleme vorgedrungen wird. Entscheidungsfragen dürfen nicht von ihren Randbedingungen und das Problemfeld überschreitenden Verflechtungen isoliert werden. Die Teilnahme an der Vorbereitung der Entscheidung gibt den Vertretern der verschiedenen Ideen Gelegenheit, ihre Standpunkte zu erläutern. Sie werden manche Ansicht korrigieren müssen. Es sind aber schließlich auch die Gründe für die Ablehnung eines Vorschlages allen Beteiligten bekannt. Die Proponenten der Alternativen, die bei der späteren Entscheidung nicht zum Zuge kommen, hatten zumindest Gelegenheit, ihre Meinung zu vertreten, was eine Voraussetzung ist, daß sie der getroffenen Entscheidung doch innerlich auch ihre Zustimmung geben können. Das Gleichgewicht zu halten, ist für den Leiter der Arbeitsgruppe mühsam; es fordert Disziplin, vor allem unter den in Konkurrenz stehenden Mitarbeitern.

6. Arten der Planung

6.1. Definition des Begriffes

Planung ist die Bemühung, durch bewußte und gezielte Veränderung einzelner Variabler ein System so zu steuern, daß bestimmte Ziele erreicht werden (21). *Planen ist Handeln* (planning is action), — handeln also, bevor man zu handeln gezwungen wird — man muß Störungen eines Ablaufes unter Kontrolle bringen und muß ständig versuchen, auf das künftige Geschehen noch positiv einzuwirken. In diesem Sinne gilt auch ein Wort von *Gaston Berger* (8):

Die Zukunft ist nicht nur das, was eintreten kann oder was sich wahrscheinlich ereignen wird, die Zukunft wird auch in zunehmendem Maß das sein, was wir im vornherein gewollt haben.

Obwohl sich eine Planung nur auf das gegenwärtige Geschehen bezieht, stehen wir doch unter dem Einfluß der daraus erwachsenden zukünftigen Auswirkungen.

6.2. Taktisches Planen

Unter dem Begriff des *Taktischen Planens* werden voneinander unabhängige logische Methoden, wie Netzpläne, einfache Entscheidungsmodelle, Trendextrapolationen, Analysen und ähnliche „Werkzeuge" verwendet, die geeignet sind, das *Wollen*, also Forderungen und Gegebenheiten, aufeinander abzustimmen. Im Brennpunkt steht mehr oder weniger die Optimierung des Einsatzes von Ressourcen, wie Rohmaterialien, Geldmittel oder Menschen und ihre Fähigkeiten. Die taktische Planung ist also auf materielle Ziele ausgerichtet; sie orientiert sich nur an den Eingaben (inputs).

6.3. Strategisches Planen

Das *strategische Planen* bietet die Möglichkeit, von verschiedenen Lösungen (alternatives) die günstigste zu errechnen. Durch das Erfassen von Ideen und ihre Bewertung wird aufgezeigt, welche Entscheidungen optimal getroffen werden *können*. Es handelt sich bei diesen Methoden, — die als bekannt vorausgesetzt werden — um Techniken, die in Blickrichtung auf die optimale wirtschaftliche Lösung entwickelt wurden. Das spricht nicht gegen diese Methoden, die eher noch zu wenig beachtet und angewendet werden.

6.4. Ethische Werte und gesellschaftliche Verantwortung

Das zunächst auf eine Ertragsmaximierung hin ausgerichtete Unternehmensziel wird nicht unwesentlich auch von ethischen Werten und von einer gesellschaftlichen Verantwortung geprägt. Planen muß daher gewisse Orientierungen oder besser gesagt gemeinsame Wertvorstellungen und die Auseinandersetzung mit maßgeblichen Umweltfaktoren miteinbeziehen (61). Mit anderen Worten: bei Entscheidungen in Unternehmen der Investitionsgüter-Industrie sind künftig *ethische Werte* und *Normen* zu beachten. Werte, wie Wirtschaftswachstum, Privateigentum, persönliche Freiheit, ökologisches Gleichgewicht, sind zeitbedingt und kulturbestimmt, sie können einem Wandel unterworfen sein. Die Änderung eines Wertes, also die Entscheidung, was *künftig* für „gut" gehalten wird, ist daher eine Frage von wachsender Bedeutung. Auf Autoritäten, (ethic forming institutions) die außerhalb unserer Gesellschaft stehen, sich zu berufen, wird in Zukunft nicht mehr gehen. In einer pluralistischen Gesellschaft sollte sich der Einzelne vielmehr einem Prozeß der individuellen Reife unterwerfen, er muß sich letzthin voll verantwortlich für dieses „Gut" oder „Schlecht" entscheiden (49).

6.5. Normatives Planen

Wertsysteme allgemein und die für Entscheidungen im Unternehmen maßgeblichen ethischen Normen werden von der Gesellschaft oder ihren Eliten bestimmt. Die Leitung eines Unternehmens der Investitionsgüter-Industrie hat auf diese Normen nicht viel mehr Einfluß wie jedes andere Glied der Gesellschaft, in der das Unternehmen agiert. Sie handelt aber klug, wenn sie Normen eines anerkannten ethischen Wertsystems mit den technologischen Methoden der Planung verbindet. Man unterscheidet zwischen den Begriffen funktionelle Planung und normative Planung (20).

Funktionelle Planung setzt die Ziele mehr oder minder als gegeben voraus und ist nur in bezug auf die Mittel zur Erreichung dieser Ziele rational. Bei der *normativen Planung* sind die Zielsetzungen selbst Gegenstand rationeller Analyse. Wenn Planung im Unternehmen als Aktion angesehen wird, die Änderungen des Systems zum Ziel hat, dann genügt es nicht, Symptome ändern zu wollen. Normatives Planen muß sich an den zu erwartenden Ergebnissen (outcomes) der geplanten Aktionen orientieren. Mit anderen Worten: Die Planung legt — ständig sich selbst korrigierend — fest, was in der Gegenwart im Hinblick auf eine bessere Zukunft oder auf das Überleben geschehen *sollte* (48). Normatives Planen verlangt Entscheidungen in grundsätzlichen Dingen und steht im Gegensatz zu den Aussagen der „reinen" wertfreien Unternehmenslehre.

Wirtschaftliche Planungen basieren in der Regel auf der Meinung, daß das Wachstum der Wirtschaft eine gute Sache sei. Unternehmen der Investitionsgüter-Industrie werden zunächst nach ihrem Pro-Kopf-Umsatz beurteilt. Über den mehr von der Wertschöpfung abhängigen Erfolg der Tätigkeit eines Unternehmens gibt die jährliche Gewinn- und Verlustrechnung Auskunft. Ob die Produkte oder die erbrachten Dienstleistungen aber geeignet sind, die *Qualität des Lebens* zu verbessern, darüber wurde, zumindest bisher, nur ungern gesprochen. Bei unternehmerischen Entscheidungen muß uns auch der Nutzen, den wir den Menschen mit unseren Produkten bringen wollen, interessieren.

Normative Planung muß daher neben der Effizienz der geleisteten Arbeit auch die Lebensart ihrer Nutzer und die Arbeitsbedingungen der eigenen Mitarbeiter beachten. *De Jouvenel* ermahnt uns in seinem Buch „Jenseits der Leistungsgesellschaft — Elemente sozialer Planung und Vorausschau" (31) für die Befriedigung grundlegender menschlicher Bedürfnisse, die schlicht „lebensfrohe und angenehme Gestaltung der Arbeit" oder „ein bißchen Freude und Glück" heißen können, zu arbeiten.

6.6. Mittelfristige Unternehmensplanung als umfassende Darstellung der Entwicklung des Unternehmens, ausgehend von den Veränderungen auf dem Markt

Unter dem Begriff einer *Mittelfristigen Unternehmensplanung* ist allgemein an eine umfassende Darstellung der Entwicklung des Unternehmens in den kommenden 4 - 5 Jahren gedacht. Die Planung wird in einem kontinuierlichen Vorgang jährlich neu überarbeitet und dabei um 1 Jahr in Richtung Zukunft erweitert. Die Planung der beiden letzten Jahre — die unter den Begriffen Operative Planung und Budgetierung weitgehend bekannt ist — muß für Projekte und Aufträge in der Investitionsgüter-Industrie, bedingt durch die längere Laufzeit, schon sehr konkret sein. Die langfristige Planung ist dagegen in der Investitionsgüter-Industrie eher vage; sie wird in der Regel nur noch ausgewählte, besonders wichtige Aspekte der zukünftigen Entwicklung behandeln (27).

Die auf die *Marktveränderungen* bezogene Planung kann zunächst nur nach Produktgruppen getrennt vorgenommen werden, und es bestätigt sich die Richtigkeit einer „dreidimensionalen" Organisation (s. 5.2.), die dem verantwortlichen Produktleiter diese Aufgabe in erster Linie überträgt. Die Strategie für eine Produktgruppe entsteht durch das Gegenüberstellen der erwarteten Marktentwicklung mit den realistischen Möglichkeiten des Unternehmens. Wir gehen dabei von Annahmen über die Entwicklung entscheidender Einflüsse aus, die sich öfters relativ rasch als falsch erweisen. Pläne werden so in kurzer Zeit gegenstandslos, was aber nicht als Argument gegen die Planung gelten kann, sondern vielmehr eine Bestätigung für die Notwendigkeit, zu planen. Diese Unsicherheit ist aber unter anderem ein Grund dafür, daß der Planungszeitraum in der Investitionsgüter-Industrie doch auf etwa 5 Jahre beschränkt sein muß.

6.7. Die absatzpolitischen Strategien

Der Lebenszyklus vieler Investitionsgüter hat heute eher die Phase der Sättigung erreicht (53). Für ein marktorientiert arbeitendes Unternehmen ist der Überfluß die Herausforderung des potentiellen Marktes. Die *Unternehmens-Strategien* (corporate strategy) nach *Ansoff* (4) sehen als eine Alternative das Gewinnen neuer Märkte für die gegenwärtigen Erzeugnisse vor. Solange dies genügt, kann das Unternehmen produkttreu bleiben. Zu einer verstärkten Marktdurchdringung (market penetration) — der zweiten Alternative — wird ein Unternehmen der Investitionsgüter-Industrie verbesserte Problemlösungen heranziehen müssen, die zum Teil bereits in den Offerten vorgeschlagen werden. Es sind unter Umständen kostenlose Vorleistungen an einen möglichen Kunden. Lautet die Absatzstrategie: Herausbringen neuer Erzeugnisse (product development and concentric diversification), so soll das Unternehmen problemtreu, z. B. Energieerzeugung, und noch besser wissenstreu arbeiten. Eine Firma mit einem guten Stab, der Probleme lösen bzw. Ideen und Pläne anbieten kann, wird sich auch auf neuen Märkten durchsetzen.

Folgende instrumentale *Strategien* werden im Gruppenprozeß zu erarbeiten sein:

I. Produktstrategien, wenn es sich um die Neuentwicklung oder die Verbesserung von Produkten handelt, um eine Sortimentspolitik, Typisierung, Normung oder um eine Änderung des Qualitätsstandards.

II. Maßnahmen, durch die neue Abnehmergruppen zu gewinnen sind, wie Werbung oder Service, gehören zu der Verkaufsstrategie.

III. Wettbewerbsstrategien sind Kooperationen im Sinne einer Typenbeschränkung, die mit Konkurrenten vereinbart wird, oder auch eine Partnerschaft oder die Beteiligung an einem einschlägigen Unternehmen.

Die Strategien werden beeinflußt durch den eigenen Marktanteil und durch das Verhalten der Konkurrenz bzw. der Substitutionskonkurrenz oder, noch besser gesagt, durch den Faktor „Zeit", den richtig einzusetzen eine eigene Strategie sein kann. Zu-spät-Kommen bringt Nachteile; es ist aber auch nicht immer gut, der erste zu sein. Auf das Marktimage des eigenen Unternehmens und das der im Wettbewerb stehenden muß bei rationell zu treffenden Entscheidungen immer wieder Rücksicht genommen werden.

7. Beispiele für den Aufbau einer integrierten Planung

7.1. Marktforschung und Prognosen als Grundlage der Pläne

Prognosen sind die wichtigste Grundlage und der Ausgangspunkt der Planung. Prognosen können sich auf einfache und praktikable Vorausberechnungen stützen oder, mehr wissenschaftlich fundiert, von mathematisch-statistisch geschulten Prognostikern erarbeitet sein. Gelegentliche Fehler sind nicht auszuschließen, da Prognosen immer nur unter bestimmten Hypothesen gültig sind und schließlich die Ungewißheit ein Charakteristikum der Zukunft ist. Man wird daher mit den wesentlichen Problemen und mit Näherungswerten anfangen und die Methoden für die einzelnen Produktarten mit den Jahren verfeinern (52). Bei langlebigen Wirtschaftsgütern ergibt sich zunächst die Unterteilung in Neu- und Ersatzbedarf. Für ein Unternehmen der Investitionsgüter-Industrie ist es schwierig, verläßliche Angaben über die Investitionsabsichten seiner Kunden zu erhalten. Von neutralen Instituten oder von Fachverbänden aufgestellte Prognosen können eine wertvolle Hilfe sein. Ihre Ergebnisse sind aber mit den Vorausschätzungen der Verkaufsingenieure und des Außendienstes laufend abzustimmen. Das Vorgehen der Konkurrenz kann in der Regel nur von branchenkundigen Fachleuten annähernd abgeschätzt werden.

Fundierte Prognosen über Konsumgüter können fallweise als Schlüsselfaktoren für Prognosen über den Bedarf an Produktionsanlagen herangezogen werden. Verschiedene Einflußfaktoren müssen zu der Vereinfachung der Prognoseerstellung vernachlässigt werden. Die Prognose muß somit unter der Hypothese des konstanten Verhaltens dieser Einflußfaktoren erstellt werden. Sehr wichtig ist der wiederholte Vergleich mit den tatsächlich erreichten Werten. Durch die Analyse der Abweichungsursachen kann die Prognose veränderten Bedingungen angepaßt und u. U. zu einem Prognosenmodell verfeinert werden (17).

Die Marktforschung läßt nebenbei auch erkennen, wie schwierig es ist, die Werbung für Investitionsgüter so zu gestalten, daß ein höherer Prozentsatz von Interessenten darauf anspricht. Werbung muß dem Projektingenieur zumindest den Zugang zum Verhandlungstisch freimachen und ihn so einführen, daß es ihm gelingen kann, ein — natürlich konkurrenzfähiges — Investitionsgut abzusetzen. Das Verhalten bei Investitions-Entscheidungen wird von Unternehmen zu Unternehmen verschieden sein. Die Entscheidung zu seinen Gunsten beeinflussen werden am ehesten die Unterhändler können, die sich mit den Problemen des Käufers auseinandersetzen. Durch gute Konditionen honoriert wird die Lieferung eines Investitionsgutes am ehesten, wenn es dem Käufer Gewinn bringt und dem für den Kauf Verantwortlichen — durch das fachliche Wissen und die Praktiken der Verkäufer — das Maß der Verantwortung in Grenzen hält.

7.2. Basis- und Folgepläne

Die Planung wird, von Veränderungen auf dem Markt ausgehend, nach Produktgruppen getrennt vorgenommen. Für das Unternehmen wirksam können nur die geplanten Alternativen werden, die bei der getroffenen Auswahl angenommen werden. Sie sind damit die Grundlage einer Änderung der Verkaufs- und der Forschungspolitik, die in dem *Absatzplan* und dem *Technischen Entwicklungsplan* festzulegen sind. Eine rege Interaktion zwischen Absatzplan und Forschungspolitik bzw. Technischem Entwicklungsplan und Verkaufspolitik dürfte die wesentlichste Voraussetzung für einen Erfolg sein. Bei einer auf den Markt ausgerichteten Unternehmenspolitik kommt es also zunächst auf den Absatzplan und den Technischen Entwicklungsplan an, sehr im Gegensatz zu der bisherigen Gewohnheit, Unternehmen meist nur mit Hilfe von Produktions-, Investitions- und Finanzplänen zu führen (41) (Bild 4).

Der Absatzplan zwingt zu einer Bilanz über eigene und fremde Kapazitäten. Er zeigt auf, daß Leistungen, Mittel sowie vielfach auch Kapital in Anspruch genommen werden müssen und jedenfalls Kosten anfallen werden. Der technische Entwicklungsplan ist gleichfalls eine Grundlage für die Einplanung der benötigten Leistungen, der anfallenden Kosten und unter Umständen auch der Mittel. Kapazitäten, Leistungen, Mittel und Kosten sind ihrerseits wieder die Grundlage für den Produktions-, Personal-, Investitions- und Ertragsplan. Es sind *Folgepläne*, die im wesentlichen den Zweck haben, die Realisierbarkeit der beiden Basispläne zu prüfen und deren Konsequenzen darzulegen. Verschiedene Daten gehen selbstverständlich direkt in die letztgenannten Pläne ein. Es sind z. B. die Korrelationen zwischen volkswirtschaftlichen Größen und den Kosten der eigenen Investitionen, dem Aufwand für zugekauftes Material, die direkten und indirekten Personalkosten u. a. Währungsparitäten und Zinssätze sind zur Zeit besonders wichtige Einflußgrößen einer Planung in der Investitionsgüter-Industrie. Es werden auch gewisse Umweltprognosen und Trends hinsichtlich des allgemeinen technischen Fortschrittes und der Entwicklung der Industrie die Folgepläne direkt beeinflussen, ebenso der Vergleich von üblichen

7. Beispiele für den Aufbau einer integrierten Planung

Basisdaten, wie Lohn- und Gehaltssumme zum Umsatz, Jahresstundenzahl je produktivem Arbeiter und viele andere. Bei der Verwendung derartiger Zahlen muß bewußt zwischen realen und nominellen Veränderungen unterschieden werden.

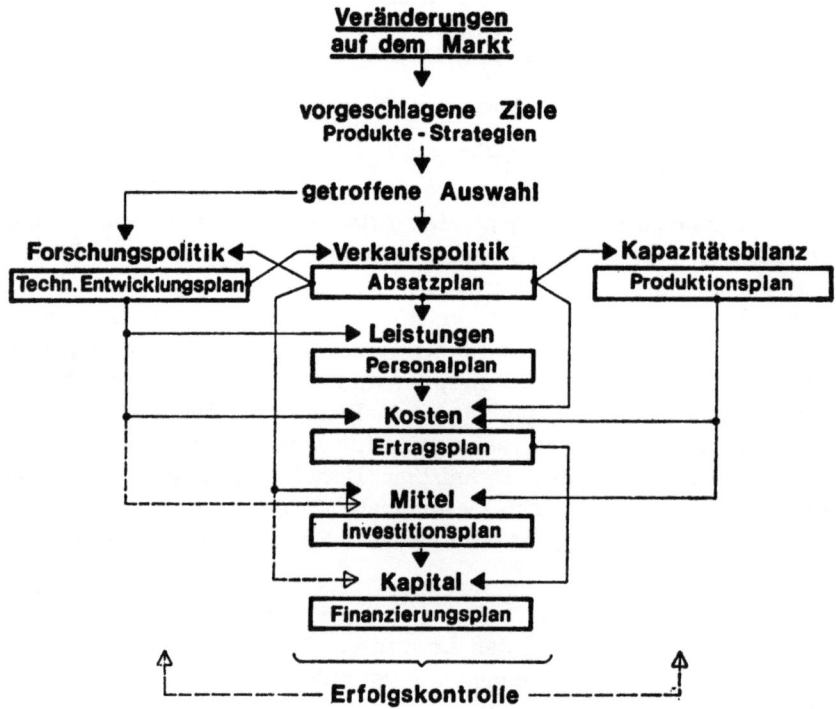

Bild 4. Basis- und Folgepläne (aus (41))

Der Personalplan, der dem Unternehmen die richtigen Mitarbeiter sichern soll und den Arbeitnehmern Klarheit über ihre Karrieremöglichkeiten schafft, kann auch zu der Neuorientierung der entsprechenden unternehmerischen Strategie drängen, wenn es z. B. nicht möglich ist, annähernd ausreichend qualifizierte Mitarbeiter auf dem Arbeitsmarkt zu gewinnen oder in einer vertretbaren Zeit selbst auszubilden. In gleicher Weise kann ein Investitionsplan unter dem starken Druck in Richtung einer Substitution des Produktionsfaktors „Arbeit" durch den Produktionsfaktor „Kapital" stehen.

Investitions- und Erfolgspläne haben in ihrem Aufbau naturgemäß quantitativen Charakter. Sie müssen sich im bestimmten Rahmen bewegen und sind daher mehr als Grundlage für die Festlegung von Prioritäten zu werten. Sie bilden zusammen die wesentliche Basis für den Mittelfristigen Finanzierungsplan, von dem — historisch gesehen — die Unternehmensplanung ihren Ausgang genommen hat. Die Finanzplanung hatte schon in früheren Jahren in ihrer Beziehung zu dem Leistungsbereich die Frage nach den Cash-flow-Erwartungen zu beantworten (43), sind es doch immer wieder dieselben Fragen, mit welchen die Existenz des Unternehmens untrennbar verbunden ist, nämlich:

A. Ist der Aufwand durch die Erträge gedeckt?
B. Ist die Verzinsung des Kapitals sichergestellt?
C. Kann ein angestrebtes Wachstum finanziert werden?

7.3. Technischer Entwicklungsplan

7.31. Neuentwicklungen; Abwandeln und Verbessern von Produkten

Aus der Zusammenfassung der ausgewählten Produktstrategien ist die Forschungspolitik des Unternehmens abzuleiten. Der Begriff *Forschungspolitik* schließt die Verpflichtung ein, möglichst alle für die Lösung von technischen Aufgaben wichtigen Elemente und Wechselwirkungen eben mit Hilfe des technischen Entwicklungsplanes systematisch zu erfassen. Der Plan zwingt somit zu einem „Denken in Systemen" und ist gut geeignet, die nicht selten anzutreffenden Verständigungsschwierigkeiten zwischen Entwicklungs- und Konstruktionsingenieuren und den Marketing-Experten abzubauen.

In dem Plan muß unmißverständlich zwischen Neuentwicklungen, dem Abwandeln und Verbessern von Produkten, gegebenenfalls auch dem Nachahmen von eingeführten Produkten im Rahmen einer Sortimentspolitik, unterschieden werden. Konstruktionen, die ausgetretene Pfade meiden, sind hinsichtlich des zeitlichen Ablaufes und der anfallenden Kosten mit dem größten Risiko verbunden. Der technische Entwicklungsplan wird daher durch Netzpläne und Budgets zu ergänzen sein, die gefährliche Abweichungen frühzeitig erkennen lassen. Werden einzelne Ingenieurpersönlichkeiten, die sich bemühen, wirklich neue Ideen aufzuspüren, von einem technischen Leiter betreut, der u. a. genügend Einfluß in der Geschäftsleitung hat, so können diese Arbeiten viel zur Erreichung der Unternehmensziele beitragen, da bekanntlich neue Produkte in der ersten Phase des Lebenszyklusses (53) stehen. Die nach dem allgemeinen Gang einer schöpferisch-wissenschaftlichen Tätigkeit oft unvermeidbaren Rückschläge und unproduktiven Perioden müssen überwunden werden. Bild 5.

7.32. Möglichkeiten der Kostensenkung durch Wertanalyse

Das Einführen neuer gewinnbringender Produkte kann durch das unter dem Begriff *Wertanalyse* bekannte Rationalisierungsverfahren unterstützt werden. Die Wertanalyse soll bereits im „Status nascendi", d. h. beim Entwurf eines Produktes, die Möglichkeiten der Kostensenkung aufspüren, da in diesem Stadium die meisten Kostenentscheidungen getroffen werden. Wird das bei der Konstruktion versäumt, so ist auch eine noch so gute Arbeitsvorbereitung nicht mehr in der Lage, nur annähernd vergleichbare Kostensenkungen zu erzielen (11).

Allgemeiner Gang einer schöpferisch-wissenschaftlichen Tätigkeit (28)	Der Gang einer Innovation bei mangelhaftem Führungsverhalten
I. Das Auffinden eines Problems, II. die vorbereitende Bearbeitung, III. die Phase der Frustration, also der Enttäuschung darüber, daß sich das Problem nicht befriedigend lösen läßt, IV. die Inkubationszeit, in welcher das Problem ruht, V. Die Intuition oder Erleuchtung, VI. die Verifikation und Prüfung der neuen Einsicht, VII. die Mitteilung der Ergebnisse.	I. Begeisterung, II. Verwirrung, III. Ernüchterung, IV. Suche der Schuldigen, V. Bestrafung der Nichtschuldigen, VI. Auszeichnung der Nichtbeteiligten.

Bild 5. Der Gang einer technischen Entwicklung

Eine ideale Maschine wäre so zu dimensionieren, daß alle Teile nach Ablauf der vorgesehenen Nutzungsdauer gleichzeitig gebrauchsuntüchtig werden oder daß der Gesamtschaden, der bei einem früheren Versagen entsteht, wenig teurer ist als die Mehrkosten für eine stärkere Dimensionierung oder genauere Ausführung (11). Der Wert aus der Sicht des Kunden orientiert sich am Nutzen, also der Menge des erzeugten Gutes einerseits und der durch den Kaufpreis *und* die Betriebskosten verursachten Aufwendungen andererseits (39).

Durch die Verbesserung von Produkten unter Anwendung der Wertanalyse kann der mit dem zeitlichen Ablauf des Lebenszyklusses (53) notwendig werdende Substitutionsprozeß hinausgezogen werden. Unternehmen, die fremde Konstruktionen verwerten (Lizenz), können wirksame Einsparungen erzielen, wenn sie in erster Linie in der Angebotsphase und vor Entscheidungen über Zukäufe wertanalytische Untersuchungen ansetzen. Die Wertanalyse zwingt zu einer objektiveren Prüfung der Zusammenhänge im betrieblichen Geschehen; sie ist gut geeignet, Meinungsverschiedenheiten — durch Beharren auf vorgefaßten Meinungen oder durch das Überbewerten von Einzelvorkommnissen positiver und negativer Art — abzubauen (33).

7.33. Änderung des Qualitätsstandards

Eine andere Produktsstrategie ist die Änderung des *Qualitätsstandards*. Man wird sie nur beschließen, wenn über Qualitätsfragen (Gütesicherung) einheitliche Auffassungen im Unternehmen herrschen (35). Die Erwartungen des Kunden hinsichtlich Betriebskosten und Lebensdauer wurden bereits im Zusammenhang mit der Wertgestaltung erwähnt. Bei der Erfüllung dieser Forderungen wird eine allgemeine Senkung des Qualitätsstandards nur in Ausnahmefällen in Betracht kommen. Die genauen Kenntnisse der Funktion einer Maschine, der Deformation von Gehäusen unter Last und der Veränderung von Spielen unter Belastung und Erwärmung aber versetzen den Konstrukteur in die Lage, durch eine wohldurchdachte Justierung bei der Montage für einen gewissen Ausgleich zu sorgen. Eine Reihe von Bearbeitungen lassen sich dann vereinfachen und verschiedene Toleranzen erweitern, wenn sichergestellt ist, daß im wesentlichen *zeichnungsgerecht* gefertigt wird.

7.4. Absatzplan

7.41. Bilanzumsatz

Der Umsatz und die möglichst gleichmäßige Auslastung der Produktionsanlagen, die Deckung der Fixkosten und der Ertrag sind die wesentlichsten Faktoren einer Verkaufspolitik, die sich im Hinblick auf die Veränderungen auf dem Markt nach den beschlossenen Strategien zu richten hat. Bilanzen kennen nur den Begriff *Umsatz*, und es wird auch bei der Verkaufsplanung von Umsatz gesprochen. Investitionsgüter produzierende Unternehmen haben meistens verschiedene Produktgruppen in ihrem Verkaufsprogramm, und es wird kaum vorkommen, daß diese in gleicher Weise ökonomisch attraktiv sind. Traditionsgemäß wird auf den höchsten kalkulatorischen Gewinn gesehen, der bei Produkten mit einem hohen Marktwert sicherlich zu erzielen ist. Bei starker Konkurrenz und einem hohen bzw. längerfristigen Kapitalbedarf wird die Wertschöpfung eine zumindest ebenso wichtige Entscheidungsgrundlage. Bei einer relativ hohen Wertschöpfung steigen die Aussichten, die festen Kosten durch z. B. 80 % der in dem Bilanzjahr abzurechnenden Aufträge (Kostenträger (68)) vergütet zu erhalten. Die verbleibenden Fixkostenanteile sind Grundlage des Ertrages, wenn die Abrechnung der einzelnen Kostenstellen (68) ausgeglichen ist, d. h. Über- und Unterdeckungen auf das gesamte Unternehmen sich mehr oder minder ausgleichen oder Überschüsse erzielt werden. Der Verkauf muß daher die einzelnen Projekte oder Aufträge auch aus der Sicht der *Auslastung der Produktionsanlagen* beurteilen, obwohl bei Verkaufsabschluß, besonders im Anlagengeschäft, eine genaue Verteilung der Arbeitsstunden (Mengengerüst) noch gar nicht bekannt ist. Man kennt aber aus den Zahlen der Vorjahre z. B. die bei 1 Mill. S Herstellkosten einer bestimmten Produktgruppe anfallenden Arbeitsstunden in den mechanischen Werkstätten oder auch die zu erwartende Belegung von Produktionsengpässen.

7.42. Betriebsleistung

Die *Betriebsleistung* ist auf einzelne kommende Geschäftsjahre bezogen, unterteilt nach Produktionssparten, zu planen. Eigenfertigung, Handelsware und Generalunternehmerschaft müssen getrennt ausgewiesen werden, da Umsätze in Handelsware zwangsläufig eine gegenüber der Eigenfertigung geringere und die Generalunternehmerschaft oder das Konsortialgeschäft eine noch kleinere Wertschöpfung enthalten. Die Eigenfertigung wird nach durchschnittlichen Fertigungsstunden pro Mill. ÖS Herstellkosten oder einem ähnlichen Kriterium für die Auslastung bewertet. Im Rahmen der geplanten Betriebsleistung kann jede Vertriebsabteilung freizügig disponieren. Läßt der Soll-Ist-Vergleich Abweichungen erwarten, muß auf Grund einer Geschäftsleitungs-Entscheidung eine Umverteilung der Kapazitäten und Mittel nach Möglichkeit zu Gunsten einer Sparte mit höherer Fixkostendeckung vorgenommen werden.

7.43. Die systematische Ergänzung des Auftragsbestandes

Im Investitionsgüter-Sektor und besonders im Anlagengeschäft sind Lieferfristen von einem oder mehreren Jahren durchaus üblich. Die Ziele für die Akquisition und den Verkauf lauten: *Ergänzung des Auftragsbestandes* der einzelnen Produktionssparten unter Beachtung des erwarteten durchschnittlichen Deckungsbeitrages. In der Investitionsgüter-Industrie werden die Zahlen einer Verkaufsplanung für ein Jahr wohl nur unwesentlich von der für das Bilanzjahr geplanten Betriebsleistung abweichen. Die Akquisitionstätigkeit und andere den Absatz fördernde Maßnahmen müssen die Erfüllung des Verkaufsplanes zum Ziel haben. Es soll nicht bestritten werden, daß Verkaufserfolge auch mehr oder weniger vom Zufall bestimmt sein können. Mit genügender Sicherheit aber wird ein Verkaufsplan sich nur erfüllen lassen, wenn auch im Verkauf einigermaßen systematisch vorgegangen wird. Wird unterstellt, daß in der Investitionsgüter-Industrie die potentiellen Abnehmer namentlich bekannt sind und die Zahl der von ihnen ernsthaft verfolgten Projekte sich abschätzen läßt, Preise keine zu großen Unterschiede aufweisen und die Lieferfrist das wirksamste Regulativ ist, daß einem Anbieter nicht wesentlich mehr Bestellungen erteilt werden als

7.4. Absatzplan

seiner Lieferkapazität entspricht, so kann der Schluß gezogen werden, daß eine durchschnittliche Zahl von Anfragen bzw. Angeboten notwendig ist, um einen Kaufentschluß auszulösen. Wir unterstellen zunächst, daß kleinere besondere Leistungen und Unterlassungen einzelner Anbieter sich unter allen Anbietern etwa gegenseitig aufheben, sich also keiner von seinen Konkurrenten nachhaltig abhebt. Die Annahme, daß Anfragen sich auf die einzelnen Anbieter gemäß ihrer Lieferkapazität verteilen, läßt sich leicht wie folgt begründen:

A. Je größer die Lieferkapazität ist, desto mehr Vertreter und Verkaufsingenieure werden unterwegs sein, um neue Anfragen heranzuholen.

B. Je größer die Lieferkapazität ist, desto mehr gelieferte Maschinen werben für neue Anfragen.

C. Je größer die Lieferkapazität ist, desto größer ist der Werbeetat für Anzeigen, Kataloge, Werbegeschenke und dgl., die neue Anfragen auslösen können (16).

Sollte ein Unternehmen wesentlich mehr Anfragen erhalten, als seiner Lieferkapazität entspräche, so würden sich die Abgabe der Angebote und die darin genannten Lieferzeiten derart hinausziehen, daß die Wahrscheinlichkeit, Kaufentschlüsse auszulösen unter den Branchendurchschnitt sinken würde. Werden die Anfragen rechtzeitig durch Angebote beantwortet, die keine besonderen Vor- und Nachteile enthalten, so wird sich der Eingang der Bestellungen nach dem Gesetz der Großen Zahl, das auch Ausgangspunkt jeder Wahrscheinlichkeitsrechnung ist, proportional zu den abgegebenen Angeboten verhalten. Bestehen zwischen den Angeboten beträchtliche Unterschiede, dann kann die Verteilung des Zufalls (Grundwahrscheinlichkeit) erheblich positiv oder negativ beeinflußt werden. Verschiedene Eigenschaften eines Angebots wirken sich als Zusatzwahrscheinlichkeiten (W_z) aus, die nach der Kenntnis des Marktes verschieden zu werten sind. Besteht Aussicht, daß im Unternehmen aus einer derartigen Analyse Konsequenzen gezogen werden, dann ist es empfehlenswert, mit den Verkaufsingenieuren eine Bewertungsskala festzulegen und — wenn notwendig — diese von Zeit zu Zeit zu modifizieren (16). Eine Bewertungsskala könnte etwa so aussehen:

Lieferzeit	4/20 Wz
Preis	3/20 Wz
Technische Garantien	3/20 Wz
Zahlungsbedingungen (Anlagen)	3/20 Wz
Technische Ausstattung	2/20 Wz
Gute frühere Lieferungen	2/20 Wz
Beratung — gute persönliche Beziehungen	2/20 Wz
Kundendienst	1/20 Wz

Nach der mathematischen Statistik müssen die Zusatzwahrscheinlichkeiten die Grundwahrscheinlichkeit ergänzen, und es müßte nach dem Angebot bestellt werden, das zu seiner Grundwahrscheinlichkeit die höchste Summe an Zusatzwahrscheinlichkeiten aufweist. Gleichen sich die Vor- und Nachteile einigermaßen aus, so wird die Entscheidung wieder vom Zufall abhängen, d. h. letztlich rein subjektiv von einem Entscheidungsgremium getroffen werden. Will das Unternehmen zumindest Bestellungen nach der Zahl ihrer Angebote bekommen, dann müssen seine Verkaufsanstrengungen etwa der Konkurrenz entsprechen. Soll der Absatz gesteigert werden, muß irgend ein Mehr an Gegenleistung erbracht werden, wie z. B. erstklassige Qualität, die nur selten zu Reklamationen Anlaß gibt, strikte Einhaltung von Lieferterminen und Garantien, Schaffung eines Vertrauensverhältnisses zum Kunden, zu dem auch die Übermittlung von den Kunden interessierenden Informationen gehört. Es ist im besonderen dafür zu sorgen, daß keine einzelne Anstrengung derart vernachlässigt wird, daß hieraus eine negative systematische Abweichung von der Zufallsverteilung entsteht (16).

7.44. Bewertungsmethode für Projekte und Aufträge

Die Absatzplanung ist ein gutes Objekt für systematische Untersuchungen. Sicher ist es auch möglich, die Verteilung der Umsätze nach Produktionssparten in bezug auf Ertrag und Kapazitätsauslastung rechnerisch zu optimieren. Es müssen aber sehr viele Randbedingungen in die Rechnung eingehen, um der Praxis zu entsprechen, und es kann leicht sein, daß das mit einem sehr hohen Rechenaufwand gewonnene Ergebnis Erkenntnissen entspricht, die durch einfachere Methoden bereits gewonnen wurden. Die übliche Entscheidungshilfe für die Beurteilung von Produktionssparten und Projekten war bislang der kalkulierte Gewinn, und in den letzten Jahren wird immer mehr der Beitrag zur Deckung der Fixkosten zur Beurteilung der Ertragsaussichten eines Geschäftsfalles herangezogen. Unberücksichtigt bleiben dabei besondere Aufwendungen hinsichtlich Entwicklung und Konstruktion; eine besonders günstige oder ungünstige Inanspruchnahme von Produktionseinrichtungen, die wieder den Investitionsplan nachteilig beeinflussen und zu einem höheren Kapitalbedarf führen kann; schließlich Risiken, die von dem herkömmlichen Durchschnitt (kalkuliertes Wagnis) abweichen. Wenn keine Abweichungen zu erwarten sind oder sich ein Ausgleich negativer und positiver Einflüsse erkennen läßt, dann ist der kalkulierte Deckungsbeitrag die Entscheidungshilfe. Trifft dies nicht zu, dann sollte ein *korrigierter Deckungsbeitrag* bestimmt werden, der dem Unternehmen eine bessere Übersicht über die Ertragsaussichten verschafft. Bild 6 mit Tabelle 1. Bei der Führung von Unternehmen, die Massengüter herstellen, dürfte sich die sogenannte Break-even-Analyse durchgesetzt haben (68). Durch die korrigierten Deckungsbeiträge, über der Betriebsleistung für das einzelne Geschäftsjahr aufgetragen, erhält man auch für ein Unternehmen, das Investitionsgüter und Anlagen produziert, eine wichtige Information für die Ertragsplanung.

7.45. Absatzprognosen mit Verkaufsingenieuren oder Vertretern erarbeiten

Planungsmethoden basieren häufig auf dem Gesetz der Großen Zahl. Die Fehlerwahrscheinlichkeit wird viel geringer, je mehr Einzel-„Entscheidungen" getroffen werden. Diese Erkenntnis wird z. B. bei der Anwendung des Verfahrens vorbestimmter Elementarzeiten (MTM) für Arbeitsstudien (70) nutzbar gemacht, bei dem durch kleine Schritte sich

		%
A. Brutto-Deckungsbeitrag .... 2380 T ÖS 20 % der proportionalen Kosten = 100 % .... 35 %		175

B. Auslastung (+ wenn geringe Anforderung)
    a) Technisches Büro
    b) Produktion
    c) Investitionen oder besondere
       Einrichtungen erforderlich
	0 bis ± 20 %
	0 bis ± 30 %
	
	0 bis − 10 %
		+ 20
		+ 10
		
		0

C. Kapitalbindungsfaktor	− 50 bis + 30 %	+ 20
D. Technische Risiken	− 20 bis + 3 %	0
Summe A.—D.		225

Korrigierter Brutto-Deckungsbeitrag .... 45 %

(Die eingesetzten Zahlen entsprechen einem sehr günstigen Beispiel.)

Erläuterungen

0 .... Normalzustand

Auslastung (Ba., Bb.):	bei Überbeschäftigung negative hohe, bei Unterbeschäftigung (Stehzeiten) positive hohe Ziffer.
Kapitalbindungsfaktor	anzupassen an die Kapitalbedarfskoeffizienten in Tabelle 1. Berücksichtigt werden nur die von der Kalkulation abweichenden Kapitalkosten.
Technische Risiken:	Faktor 0, wenn die Risiken dem für die Erzeugnissparte kalkulierten Wagnis entsprechen.

Bild 6. Korrigierter Brutto-Deckungsbeitrag für die Ertragsplanung

7. Beispiele für den Aufbau einer integrierten Planung

die möglichen Fehler vermindern. *Absatzprognosen* lassen sich durch Berücksichtigung der Meinung vieler Verkaufsingenieure oder Vertreter auch von unten nach oben aufbauen.

Die bei der Befragung der Verkäufer zunächst stark streuenden einzelnen Angaben können durch die sogenannte Minima-Methode zu einem Band bestimmter Breite verdichtet werden. Die Fragestellung muß dann lauten, wieviele % oder Monate oder ... mindestens. Man kann dabei immer wieder auf die Erkenntnis hinweisen, daß es 0 % und 100 % in der Praxis kaum gibt. Wenn die Aussicht auf Angebote, Bestellungen zu erhalten beurteilt werden soll, dann ist nach der Wahrscheinlichkeitsrechnung zu unterscheiden zwischen der nur von der Zahl der Angebote abhängigen Grundwahrscheinlichkeit und der Zusatzwahrscheinlichkeit zufolge besonderer Leistungen oder Unterlassungen, die der nach einem Binomialkoeffizienten verteilten Grundwahrscheinlichkeit überlagert ist (s.7.43.).

Tabelle 1
Kapitalbedarf zur Finanzierung von Produktion und Lieferkrediten

Bezugsbasis: Auftragswert = 100 %   angenommene Produktionsdauer: 6 Monate

Anzahlung u. Teilz. bis zur Lieferung	Kapitalbedarfskoeffizient bei Kreditierung des in Halbjahresraten zahlbaren Restkaufpreises über:									
%	1	2	3	4	5	6	7	8	9	10 Jahre
0	75	125	175	225	275	325	375	425	475	525
10	68	113	158	203	248	293	338	383	428	473
20	60	100	140	180	220	260	300	340	380	420
30	53	88	123	158	193	228	263	298	333	368
40	45	75	105	135	165	195	225	255	285	315
50	38	63	88	113	138	163	188	213	238	263
60	30	50	70	90	110	130	150	170	190	210
70	23	38	53	68	83	98	113	128	143	158
80	15	25	35	45	55	65	75	85	95	105
90	8	13	18	23	28	33	38	43	48	53

(Wird *kein Zahlungsziel* gewährt, gilt der Kapitalbedarfskoeffizient nur für die Produktion und beträgt je nach der Anzahlung: 50, 45, 40, 35, 30, 25, 20, 15, 10, 5.)

Ist die Produktionsdauer ≠ 6 Monate, Kapitalbedarfskoeffizienten (Tabelle 1) je nach Produktionsdauer eines Auftrages nach Tabelle 2 (s. S. 47) erhöhen (+) oder vermindern (—).

Sind Teilzahlungen erst nach Beendigung der Produktion fällig, dann muß der Kapitalbedarfskoeffizient (Tab. 1) oder bei einer Produk-

7.4. Absatzplan

Tabelle 2

Anzahlung u. Teilz. bis zur Lieferung %	Produktionsdauer					
	3	9	12	18	24	Monate
0	−25	+25	+50	+100	+150	
10	−23	+23	+45	+ 90	+135	
20	−20	+20	+40	+ 80	+120	
30	−18	+18	+35	+ 70	+105	
40	−15	+15	+30	+ 60	+ 90	
50	−13	+13	+25	+ 50	+ 75	
60	−10	+10	+20	+ 40	+ 60	
70	− 8	+ 8	+15	+ 30	+ 45	
80	− 5	+ 5	+10	+ 20	+ 30	
90	− 3	+ 3	+ 5	+ 10	+ 15	

Tabelle 3

Zahlungen bei oder unmittelbar nach der Lieferung (Fertigung) %	Produktionsdauer						
	3	6	9	12	18	24	Monate
0	—	—	—	—	—	—	
10	+ 3	+ 5	+ 8	+10	+ 15	+ 20	
20	+ 5	+10	+15	+20	+ 30	+ 40	
30	+ 8	+15	+23	+30	+ 45	+ 60	
40	+10	+20	+30	+40	+ 60	+ 80	
50	+13	+25	+38	+50	+ 75	+100	
60	+15	+30	+45	+60	+ 90	+120	
70	+18	+35	+53	+70	+105	+140	
80	+20	+40	+60	+80	+120	+160	
90	+23	+45	+68	+90	+135	+180	

tionsdauer ≠ 6 Monate der ermittelte Wert (Tabelle 2) durch die entsprechende Zahl aus Tabelle 3 erhöht werden.

Je länger die Zeiträume sind, die für Absatzprognosen in Betracht gezogen werden, um so größer ist die Wahrscheinlichkeit, daß seltene externe Ereignisse auf den Markt einwirken. Über eine längere Frist sind daher auch an sich stationäre Systeme — und der Markt ist ein System — nicht stationär. Man muß auf das Unerwartete gefaßt sein und ausgesprochene Diskontinuitäten bei Prognosen ebenfalls beachten. Komplexe Systeme, seltene Ereignisse und qualitative Sprünge verlangen eine gründliche Systemanalyse, für die es eine Reihe praktikabler Verfahren gibt (21). Zunächst wird man aber — unter Ausnützung der Systemstabilität — als prognostische Methoden die einfache Extrapolation und die systematische Kurvenanpassung anwenden.

Ist die Streuung der Werte zu groß, dann muß intuitiv, etwa mit Hilfe der Delphi-Technik (21) versucht werden, z. B. die Aussagen eines Planungsteams zu präzisieren, indem eine Begründung für die von den Einzelnen vorgenommenen Schätzungen verlangt wird. Gegenüber der früher erwähnten Minima-Methode hat die Delphi-Technik einen echten Rückkopplungseffekt; vorausgesetzt natürlich, daß im Unternehmen der konsultativ-partizipative Führungsstil weitgehendst praktiziert wird, die Gruppe also nicht veranlaßt sein kann, nur die Meinung der einflußreichsten Führungskraft zu reflektieren.

7.5. Investitionsplan

7.51. Investitionsmotive, Investitionsentscheidungen

In der Investitionsgüter-Industrie bestehen Investitionspläne meistens aus einem Rahmenplan für mehrere Jahre und einem Plan für das laufende Geschäftsjahr. Es gibt verschiedene *Motive für Investitionen*. Bei der Investitionsplanung sollten nur wirtschaftliche Gründe oder für den Betrieb existenzwichtige Motive den Ausschlag geben. Zu den wirtschaftlich begründeten Investitionsarten gehören die Ersatzinvestition, die Rationalisierungsinvestition und die Anpassungs- oder Expansionsinvestition. Berechtigt sind selbstverständlich auch Sozialinvestitionen und Investitionen infolge Mangels an Arbeitskräften oder Investitionen infolge gesetzlicher Vorschriften. Nicht zweckentsprechende Gründe für Investitionen sind Prestige, Nachahmung, vermeintliche Steuervorteile u. a.

Die Entscheidung über eine Investition muß gut durchdacht und vorbereitet sein. Jede Investition soll eine gesunde Entwicklung des Unternehmens gewährleisten und sich positiv auf die künftige Wettbewerbs- und Ertragslage auswirken. Daher ist bei Investitionsüberlegungen von der Absatz- und der Produktionsplanung auszugehen und zu prüfen, ob die Auslastung der neuen Anlage sichergestellt werden kann. Unter diesen Bedingungen können die wirtschaftlichen Vorteile einer Investition — die sich ja erst nach Bewährung der neuen Anlage einstellen können — vorausberechnet werden (Investitionsrechnung). Manche Investitionen ziehen zwangsläufig eine Reihe von Folgeinvestitionen nach sich; diese müssen rechtzeitig in die Planung aufgenommen werden. Die Grundlage für eine Investitionsentscheidung ist der Vergleich der Kosten und Leistungen einer alten und einer neuen Anlage bei Ersatzinvestitionen bzw. der Kostenvergleich und der Leistungsvergleich verschiedener neuer Anlagen mit annähernd gleicher Funktion. Für Sozialinvestitionen und Investitionen infolge gesetzlicher Vorschriften ist eine Wirtschaftlichkeitsrechnung nicht zielführend; handelt es sich aber um Folgeinvestitionen, so müssen die Kosten in die Wirtschaftlichkeitsrechnung für die sie verursachende wettbewerbsbedingte Neuinvestition einbezogen werden.

7.52. Die Investitionsrechnung so gestalten, daß Antragsteller die Wirtschaftlichkeit und die Auswirkungen auf die Kostensätze selbst prüfen können

Es gibt sehr viele Rechenmethoden, praktikable und recht komplizierte. Soll ein größerer Personenkreis bei der Vorbereitung von Investitionsentscheidungen mitwirken, so muß die *Investitionsrechnung* so aufgemacht sein, daß Betriebsingenieure mit durchschnittlichen Kenntnissen sich ihrer bedienen können, ohne dabei Faktoren, wie Raumkosten, Aufwand für Reparaturen und Instandhaltung, Betriebsstoffe und andere Kosten, die die Wirtschaftlichkeit entscheidend beeinflussen können, zu vernachlässigen. Bild 7 mit den Tabellen 4 u. 5.

An dem Beispiel der Investitionsrechnung wird einem bewußt, daß wir heute ein betriebliches Rechnungswesen als bereits selbstverständlich voraussetzen. Die *Kostenrechnung* hat sich als Planungs- und Kontrollinstrument (68) weitgehend durchgesetzt, und es besteht, im Gegensatz zu dem der Zielsetzung entsprechenden Führungsverhalten und dem Aufbau der Organisation, kein Anlaß, weitere Forderungen an das Rechnungswesen zu stellen. Die geschlossene Kostenrechnung (Kostenarten-, Kostenstellen-, Kostenträger- und Ergebnisrechnung), ihre Abstimmung mit der Geschäftsbuchhaltung und der Nachweis der Richtigkeit und Geschlossenheit durch die Nullkontrolle zwischen Aufwand und Kosten garantieren die Aktualität der Zahlen (69). Die Systematik, mit der, von Schmalenbach begonnen, die Kontenrahmen ausgebaut wurden, kann für die Unternehmensplanung richtungsweisend sein. Die fünf natürlichen Kostengruppen (Arbeits-, Material-, Kapital-, Fremdleistungskosten und die Kosten der menschlichen Gesellschaft = Steuern (68)) sind feste Begriffe geworden. Wir müssen zwischen Einzel- und Gemeinkosten sowie zwischen fixen und veränderlichen Kosten unterscheiden. Die fixen Kosten können absolut oder relativ fix sein; die veränderlichen Kosten können einen proportionalen, bzw. einen degressiv oder progressiv proportionalen Verlauf haben (68).

7. Beispiele für den Aufbau einer integrierten Planung

Gegenstand:		Investitionsmotiv:	
		Investitionsobjekt n	Vergleichsanlage a

A. *Allgemeine Daten*
 1. Anschaffungs-   Anschaffungs-
      wert   wert × Preis-
                         index f_I
	ÖS		

2. Nutzungs-   bisher. Nutzungs-
      dauer   dauer + Rest-
                  nutzungsdauer
	Jahre		

3. Jahresauslastung (Leistungsgrad berücksichtigen)	Std. p. Jahr		
B. *Beschäftigungsunabhängige Kosten* (fixe Kosten) 1. Kapitalkosten $A_1 \times f_{II}$	ÖS/Jahr		
2. Raumkosten Satz × m²	ÖS/Jahr		
3. Restgemeinkosten (für beide Spalten =) $A_{3a} \times$ Satz	ÖS/Jahr		
C. *Beschäftigungsabhängige (proportionale) Kosten* 1. Fertigungslöhne $A_3 \times$ Satz (inkl. Lohnnebenkosten)	ÖS/Jahr		
2. Werkzeuge und Vorrichtungen $A_3 \times$ Satz	ÖS/Jahr		
3. el. Energie $A_3 \times 0{,}3 \times P_{nenn}$	ÖS/Jahr		
4. Reparaturen und Instandhaltung $A_1 \times$ Satz : 100	ÖS/Jahr		
5. Betriebsstoffe	ÖS/Jahr		
6. Restgemeinkosten $A_3 \times$ Satz	ÖS/Jahr		
7. Ausschuß $A_3 \times$ Satz	ÖS/Jahr		
D. *Gesamtkosten* B 1—3 + C 1—7	ÖS/Jahr		
E. *Wirtschaftlichkeit des Investitionsobjektes* 1. absolut (pro Jahr) $D_a - D_n$	ÖS/Jahr		
2. in % des Anschaffungswertes (Dringlichkeitsrate) $100\, E_1 : A_{1n}$	%		
F. *Kostensatz* $D : A_3$	ÖS/Std.		

Bild 7. Investitionsrechnung

7.5. Investitionsplan

Erklärungen zu Bild 7: Investitionsrechnung

A. *Allgemeine Daten:*

1. Der Investitionsbetrag (Anschaffungswert) setzt sich zusammen aus:

    1,1. Anlage laut 1. Offert,
    1,2. Eigenleistungen,
    1,3. sofort benötigtem Zubehör,
    1,4. Werkzeug-Erstanschaffung (wenn an die Anlage gebunden),
    1,5. Investitionssteuer.

    Achtung!

    Bei Importen müssen der Zoll und die Ausgleichssteuer zugerechnet werden.

    (1a) Der Preisindex ist der Tabelle 5 (s. S. 54) zu entnehmen.

    (2n) *Richtwerte für die Nutzungsdauer:*

Werkzeugmaschinen	5—15 Jahre
Inneneinrichtung	10 Jahre
Fahrzeuge	5 Jahre
Krane	20 Jahre
Gebäude	25—50 Jahre

    (3n) *Jahresauslastung:*

    Es muß die Gewähr gegeben sein, daß die angegebenen Jahresstunden laut Produktionsplan auch tatsächlich anfallen. Ist das Verhältnis von Stückzeit und Rüstzeit zwischen dem Investitionsobjekt und der Vergleichsanlage stark abweichend, so müssen der Rechnung allgemein gültige Beispiele mit realisierbaren Losgrößen zugrundegelegt werden.

    (3a) Durchschnitt aus den vergangenen Jahren.
    (Zeiten abnormaler Beschäftigung des gesamten Werkes unberücksichtigt lassen!)

B. *Beschäftigungsunabhängige Kosten (fixe Kosten):*

1. Der Faktor für die vom Kapitaleinsatz abhängigen Kosten für 1 Jahr (gleichbleibende jährliche Nutzung vorausgesetzt) ist der Tabelle 4 (s. S. 53) zu entnehmen.

    Der Faktor berücksichtigt die Abschreibung, 7 % p. a. Zinsen und 1,5 % p. a. sonstige vermögensabhängige Kosten.

2. Raumkosten einschließlich Abstellfläche:
   Richtwert ÖS 115,—/m² (für Gebäude + Heizung)

3. Rest-Gemeinkosten: beschäftigungsabhängig, jedoch einfachheitshalber Verwendung eines Stundensatzes nach Angabe der Kostenrechnung (s. Bild 8) (z. B. ÖS 40,—/Std. für Kostenstelle 400)

7. Beispiele für den Aufbau einer integrierten Planung

C. Beschäftigungsabhängige Kosten (proportionale Kosten):

1. Fertigungslöhne inkl. Lohnnebenkosten:
   Jahresauslastung × Stundensatz nach Angabe der Kostenrechnung (s. Bild 8) (z. B. ÖS 45,—/Std. f. Kostenstelle 400)

   Bei programmgesteuerten Werkzeugmaschinen muß der zusätzliche Aufwand für die Programmierung in dem Anteil des Satzes für Nebenkosten berücksichtigt sein.

2. Werkzeuge und Vorrichtungen:
   Jahresauslastung × Stundensatz (z. B. ÖS 3,80/Std. für KST 400)

3. Energie:
   Jahresauslastung × installierte Leistung mit einem durchschnittlichen Nutzungsgrad von 40 %; Preis der Kilowattstunde ÖS 0,75

4. Reparaturen und Instandhaltung:
   Anschaffungs-(Wiederbeschaffungs-)-wert × Satz : 100 (Satz z. B. 4,5 % p. a. für Kostenstelle 400)

5. Betriebsstoffe, soweit wesentlich

6. Restgemeinkosten:
   Jahresauslastung × Stundensatz der Kostenrechnung (s. Bild 8) (z. B. ÖS 12,—/Std. für die Kostenstelle 400)

7. Ausschuß:
   Jahresauslastung × Stundensatz (z. B. ÖS 3,—/Std. für KST 400)

Bei dem Planen ist besonders die „Herrschaft" der *fixen Kosten* zu beachten. Verlieren doch typische veränderliche Kosten, wie die Löhne, zusehends ihren proportionalen Charakter. Die Produktionskosten je Einheit werden kleiner, je besser die Ausnutzung der Kapazität ist. Planen wird zum Kampf um die *Ausnutzung der Kapazität*, d. h. um eine Produktionshöhe, die optimal zwischen der unteren Nutzgrenze und der oberen Nutzschwelle liegt (68).

Ein *Anschaffungswert* setzt sich zusammen aus dem Preis der Anlage laut dem günstigsten Offert, den Eigenleistungen, dem sofort benötigten Zubehör, der Werkzeugerstanschaffung — wenn die Werkzeuge an die Anlage gebunden sind — und der Investitionssteuer. Für die Ermittlung aktueller Wiederbeschaffungswerte für Vergleichsanlagen kann beispielsweise der Preisindex des VDMA (66) verwendet werden. Die *Nutzungsdauer* ist nach dem Verschleiß und dem Veralten einer Investition zu bestimmen (69). Die bilanzmäßige Abschreibung von Anlagen kann zumindest nicht direkt als Richtwert herangezogen werden. Ist das Verhältnis von Stückzahl und Rüstzeit zwischen dem Investitionsobjekt und der Vergleichsanlage stark abweichend, so müssen der Rechnung allgemein gültige Beispiele mit realisierbaren Losgrößen zugrundegelegt werden. Die vom Kapitaleinsatz abhängigen Kosten lassen

7.5. Investitionsplan

Tabelle 4

Vom Kapitaleinsatz abhängige Kosten

Nutzungsdauer bei normaler Auslastung	Kapitalkosten-Jahresfaktor f_{II}
1	1,085
2	0,5646
3	0,3915
4	0,3053
5	0,2538
6	0,2196
7	0,1954
8	0,1773
9	0,1634
10	0,1524
11	0,1435
12	0,1362
13	0,1300
14	0,1248
15	0,1204
16	0,1166
17	0,1133
18	0,1104
19	0,1079
20	0,1057
21	0,1037
22	0,1019
23	0,1004
24	0,0990
25	0,0977
26	0,0966
27	0,0956
28	0,0946
29	0,0938
30	0,0931

sich durch einen Kapitalkosten-Jahresfaktor errechnen, der — auf bestimmte Zinssätze bezogen — bei einer Nutzungsdauer von nur einem Jahr 1,085 (7 % p. a. Zinsen und 1,5 % p. a. sonstige vermögensabhängige Kosten) beträgt, bei fünf Jahren 0,25 und auch bei einer sehr langen Nutzungsdauer praktisch nicht unter 0,1 sinken kann. Tabelle 4.

7. Beispiele für den Aufbau einer integrierten Planung

Tabelle 5
Preisindizes f_I für die Ermittlung aktueller Wiederbeschaffungswerte

Anschaffungsjahr	Preisindex VDMA Jahresfaktor
bis 1955	1,62
1956	1,52
1957	1,45
1958	1,41
1959	1,43
1960	1,36
1961	1,28
1962	1,20
1963	1,18
1964	1,15
1965	1,10
1966	1,06
1967	1,04
1968	1,00

Die beschäftigungsunabhängigen Gemeinkosten sind für die Vergleichsanlage zu rechnen, sie haben in gleicher Höhe für das Investitionsobjekt Gültigkeit. Die beschäftigungsabhängigen Kosten wird man für Investitionsrechnungen aus den Plankostensätzen bzw. für diese Berechnungen eigens von der Kostenrechnung zusammengestellten Tabellen entnehmen. Bild 8. Die *Wirtschaftlichkeit des Investitionsobjektes* kann nun beurteilt werden aus der absoluten Einsparung per anno und der Einsparung in % des Anschaffungswertes (Dringlichkeitsrate). Schließlich ist es auch möglich, den neuen Kostensatz grob zu bestimmen.

Bei programmgesteuerten Werkzeugmaschinen muß der zusätzliche Aufwand für die Programmierung in dem Anteil des Satzes für beschäftigungsabhängige Nebenkosten berücksichtigt sein. Nach Ansicht amerikanischer Hersteller sind programmgesteuerte Werkzeugmaschinen den konventionellen wirtschaftlich nur überlegen, wenn die Investitionssumme in etwa 3 Jahren durch zusätzliche Einnahmen zurückfließt (return on investment).

7.53. Die Bewertung der Eigenschaften von angebotenen Maschinen und Anlagen

Anschaffungswert, Leistung und Betriebskosten sind bei der Investitionsrechnung berücksichtigt. Die verschiedenen Nutzfunktionen der angebotenen Investitionsgüter können einigermaßen objektiv nur verglichen werden, wenn sich *Qualitätsunterschiede quantifizieren* lassen. Ein Funktionswert ist zu gewichten, indem zwischen den Wertinhalten (Eigenschaften) und der Werthöhe, die ein Wertinhalt besitzt,

7.5. Investitionsplan

Kostenstelle	Verrechnungsbasis	Fixe Kosten		Proportionale Kosten			
		Raumkosten	Restgemeinkosten	Fertigungslöhne inkl. Nebenkosten	Strom	Reparatur u. Instandhaltung	Restgemeinkosten
		ÖS/m² p. a.	ÖS/Std.	ÖS/Std.	ÖS/kWh	% v. Wiederbeschaffungswert p. a.	ÖS/Std.
Dreherei	Fertigungsstunden						
NC-Drehmaschinen	Maschinenlaufstunden						
Karusselldreherei	Fertigungsstunden			Die Zahlen sind betriebsbezogen.			
Verzahnungsmaschinen	Maschinenlaufstunden						
Fräserei	Fertigungsstunden						
NC-Fräsmaschinen	Maschinenlaufstunden						
Bohrwerke	Fertigungsstunden						
Bohrmaschinen	Fertigungsstunden						

Bild 8. Plankostensätze für Investitionsrechnungen

unterschieden wird (28). Die Werthöhe (Wertigkeit) ist vielfach abhängig von anderen Größen, wie Kosten, Aufwand, Lebensdauer; ein Abhängigkeitsverhältnis zweier Größen also, das entweder exponentielle Form oder auch S- Kurven-Form haben kann (Wertfunktion). Praktisch werden in einer Liste die verschiedenen Eigenschaften einer Anlage (Wertinhalte) festgehalten und durch eine Wertskala (Gewichtungsfaktoren) sowie die Darstellung der Wertfunktion ergänzt. Die Bedeutung der einzelnen Eigenschaften ist damit differenziert. Die Funktion der Wertigkeit muß einen Wendepunkt haben (S-Kurve), wenn für eine einzelne Eigenschaft, wie z. B. Ausstattung, ein zu hoher Aufwand eben die Wertigkeit vermindert. Es ist also möglich, für die zur Wahl stehenden Maschinen oder Anlagen auch Eigenschaften verhältnismäßig objektiv zu beurteilen, die durch die Investitionsrechnung nicht erfaßbar sind. Das etwas aufwendige Verfahren kommt natürlich nur für die Vorbereitung wesentlicher Investitionsentscheidungen in Betracht.

Die Investitionsentscheidung fällt auf Grund verschiedenster Annahmen, und das wirtschaftliche Ziel läßt sich nur erreichen, wenn im weiteren Verlauf die Kosten und die Termine eingehalten bzw. die garantierten Leistungen der neuen Anlage erbracht werden. Eine laufende *Überwachung* ist zwingend. Als Hilfsmittel haben sich bei größeren Anlagen Netzpläne weitgehend durchgesetzt. Bei Behörden ist es üblich, vor der endgültigen Übernahme einer Anlage eine sogenannte Kollaudierung durchzuführen. Eine offizielle Überprüfung mit einem abschließenden Protokoll ist auch Unternehmen der Investitionsgüter-Industrie sehr zu empfehlen, um den Vorgang mit einer umfassenden Kontrolle abzuschließen bzw. bei Unstimmigkeiten keinen Terminverlust zu erleiden.

7.54. *Auslastung, kalkulatorische Abschreibung, Abnutzung und Veralterung von Maschinen und Anlagen*

Als wesentliches Kriterium für eine Investition wurde die *Auslastung* genannt, und jede Betriebsleitung ist zu verpflichten, die Nutzung des Maschinenparkes im Auge zu haben. Der Wiederbeschaffungswert der Anlagen oder, noch besser, die fixen Kosten, die durch ihre Existenz in einem Geschäftsjahr anfallen, geben einen guten Richtwert für die wirtschaftliche Bedeutung einer Produktionsanlage. Streut dieser Wert stark, dann ist es gut, die Anlagen oder den Maschinenpark je nach Wert in drei Gruppen einzuteilen. Die mehrschichtige Auslastung ist dann für die Gruppen A und auch B zwingend, und Kompromisse müssen sich auf die Gruppe C beschränken. Innerhalb einer Kostenstelle ist es ebenfalls instruktiv, die Auslastung nicht auf die Zahl der Anlagen, sondern auf Prozente des Wiederbeschaffungswertes oder der jährlichen Fixkosten der in die Kostenstelle investierten Maschinen zu beziehen. Dasselbe gilt für den Grad der *Veralterung*, der ebenfalls in % angegeben werden kann, wenn die seit Inbetriebnahme aufgelaufenen kalkulatorischen Abschreibungen mit den aktuellen Wiederbeschaffungswerten verglichen werden. Eine Kennziffer für Veralterung gibt neben den auflaufenden Reparaturkosten und den Berichten der Kontrolle über erreichte Qualitäten (auf das Produktionsmittel bezogen) wichtige Aufschlüsse für die längerfristige Investitionsplanung.

7.55. Investitionserfordernisse und ihre Bedeckung

Von Betriebserweiterungen abgesehen, wird z. B. in der Maschinenindustrie angenommen, daß bei einer *jährlichen Investitionssumme* in der Höhe von etwa 4 % des Umsatzes das Unternehmen mit der Entwicklung Schritt halten kann. Praktisch richtet sich die Investitionssumme nach den normalen und den vorzeitigen Abschreibungen, und zusätzliche Mittel werden wohl nur investiert, wenn zusätzliche Erträge (Umsätze) zu erwarten sind. Das Aktiengesetz verlangt eine bilanzmäßige Trennung der Investitionen nach Grundstücken und Gebäuden, Maschinen und maschinellen Anlagen, Betriebs- und Geschäftsausstattung. Der jährliche Investitionsbedarf für jede dieser Gruppen steht irgendwie im Zusammenhang mit dem Zeitwert der Anlagengruppe, dividiert durch die Jahre der durchschnittlichen Nutzungsdauer. Investitionen in die Betriebs- und Geschäftsausstattung ändern sich von Geschäftsjahr zu Geschäftsjahr wenig, und die Investitionen in maschinelle Anlagen erzwingt früher oder später auch bauliche Maßnahmen, so daß, zumindest für den Rahmenplan, wieder vom Anlagenvermögen und der durchschnittlichen Nutzungsdauer auszugehen sein wird. Die Überlegungen stimmen nicht, wenn durch das Mitschleppen alter Anlagen die Basis des Anlagevermögens zu hoch ist (69). In diesen Betrieben herrscht gewöhnlich die Meinung, daß sich eine alte Maschine schon bezahlt gemacht hat und es daher kostensparend sei, diese weiterhin einzusetzen. Der Wiederbeschaffungswert einer Produktionsanlage stieg bisher um etwa 4 % pro Jahr, und es müssen daher auch für eine buchmäßig vollkommen abgeschriebene Anlage weiterhin kalkulatorische Abschreibungen verrechnet werden (Tabelle 5). Andererseits sind alte Anlagen meistens abgenützt. Man ist daher gezwungen, die Produktionszeiten zu erhöhen. Es genügt ein dem (durch die geringeren Kapitalkosten) verminderten Stundensatz (s. Bild 7) prozentuell entsprechend höherer Zeitverbrauch und der vermeintliche Vorteil der Weiterbenutzung einer alten Maschine ist bereits aufgehoben; das ungeachtet der Qualitätsmängel, Reparaturkosten und anderer Nachteile. Dem wird entgegengehalten, daß kleinere Gewerbebetriebe alte

Produktionsanlagen aufkaufen, selbst instandsetzen und besonders bei einer allgemein guten Beschäftigungslage schön verdienen; das aber nur durch das Können und die Motivation von Fachkräften und nicht durch den Einsatz von Kapital, das diesen kleinen Unternehmen meistens fehlt.

7.56. Raumordnung im Gruppenprozeß erarbeiten (Beispiel)

Hinter der nüchternen Bilanzpost „Grundstücke und Gebäude" verbirgt sich eine ganz wesentliche Aufgabe für eine Unternehmensplanung. Es sind Fragen des Standortes von Anlagen, des Transportes und schließlich der Freizügigkeit, bestehende Anlagen erweitern oder anderen Zwecken zuführen zu können. In der Öffentlichkeit wird viel von Raumordnung gesprochen. Die Behörden beauftragen Fachleute mit dem Studium der wirtschaftlichen und technischen Entwicklung, sie beobachten die Lebensgewohnheiten der Bevölkerung und stellen Prognosen, Raumordnungspläne geben für die Standortbestimmung und die bestmöglichen Kompromisse bei der Verbauung in Stadt und Land einen Rahmen. Eine *Raumordnung im Unternehmen* muß aussagen, wie die Mittel für den Ersatz von Gebäuden, die nicht mehr den heutigen Arbeitsbedingungen entsprechen, in Verbindung mit den Neuinvestitionen eingesetzt werden müssen, damit sich diese Aufwände in möglichst kurzer Zeit durch eine Minderung von Kosten bezahlt machen, sei es durch eine rationellere Fertigung, eine Senkung der Transportkosten, einen verbesserten Materialfluß usw. Bei der Raumplanung sind alle aus der praktischen Erfahrung des Betriebes entstandenen Vorschläge aufzugreifen, kleinere aus der Not des Augenblicks geborene Wünsche dürfen aber die Raumordnung nicht stören.

Diesen Forderungen kann eine *Raumplanung* am besten gerecht werden, wenn sie im Gruppenprozeß unter Heranziehung moderner betriebswissenschaftlicher Erkenntnisse erarbeitet wird. Raumplanungen müssen im Unternehmen publiziert werden, damit sich die Belegschaft auf die *auf sie* zukommenden Änderungen einstellen kann und Stellungnahmen des Betriebsrates abgegeben oder betriebliche Vorschläge eingereicht werden können. Man muß also mit dem interessierten Teil der Belegschaft schon sprechen, ehe Entscheidungen gefallen sind. Das gilt besonders für die Planung von Bürogebäuden und Werkstätten für besonders qualifizierte Arbeiten. Der erste Schritt ist die Bekanntgabe der Aufgabenstellung und der besonderen Bedingungen, wie z. B. kurze Verbindungswege, Anschluß an ein bestehendes Gebäude, technische Ausstattung u. ä. Der zweite Schritt ist die Ausarbeitung von etwa drei Varianten, verbunden mit einer ersten Kostenschätzung. Gute Architekten werden sicher eine zukunftsweisende Lösung alternativ vorschlagen, die u. a. an jedem Arbeitsplatz eine ausreichende Nennbeleuchtungsstärke vorsieht. Die Wärmeentwicklung einer absolut nicht übertriebenen Beleuchtung kann an trüben Sommertagen als unangenehm empfunden werden; die Wärme muß daher von der Leuchte weg abgeführt werden. In vielen Gegenden leiden wir im Winter unter trockener Luft, bei häufigen Gewittern wiederum ist die Luftfeuchtigkeit in den Räumen sehr groß. Abhilfe kann durch eine Vollklimatisierung geschaffen werden, indem reine Luft von der Decke her gleichmäßig in die Räume eingeblasen und die verbrauchte Luft durch sogenannte Klimaleuchten bei gleichzeitiger Kühlung der Lichtquellen abgesaugt wird. Die Forderungen lauten dann: frische Luft mit einem als angenehm empfundenen Feuchtigkeitsgehalt, eine der Außentemperatur angepaßte Raumtemperatur, gute Beleuchtung und ein gleichmäßiger, nicht störender Lautpegel. Die Mitarbeiter müssen sich in modernen Arbeitsräumen wohlfühlen können, ihre Arbeitsplätze als attraktiv ansehen und dementsprechend leistungsbereit sein. Daher unbedingt Mitsprache bei der Auswahl der Einrichtung und der Anordnung der Arbeitsplätze einräumen. Die Arbeitsplätze sollen mehr als bisher flexibel sein; Stellwände, Besprechungsecken, Pausenplätze, Pflanzen und Garderoben gehören zu einem neuen Büro. Gruppenregistraturen, Mikrofilm-Aufnahme- und -Reproduktionseinrichtungen, Kleincomputer oder ein Computerterminal sind Investitionen in Arbeitsplätze geistig Tätiger. Man wird also die Verteilung und Einrichtung der Arbeitsplätze an einem Modell studieren und neue Einrichtungselemente zur Probe aufstellen und erst bei Bewährung die entsprechenden Aufträge vergeben. Die Überschreitung von Baukosten ist zu vermeiden, wenn nicht Wesentliches vergessen wird und — offensichtliche Fehler ausgenommen — während des Baues und der Einrichtung nichts mehr geändert werden muß.

7.6. Produktionsplan

7.61. Termineinhaltung und Auslastung

Der Produktionsplan hat zwei wesentliche Aufgaben zu erfüllen. Zum ersten muß die Betriebsleistung, und zwar zu den mit den Kunden vereinbarten Terminen erbracht werden, und zum zweiten darf die Beschäftigung in den einzelnen Fertigungsabteilungen des Unternehmens nicht großen Schwankungen ausgesetzt sein. Genügend Aufträge kann ein Unternehmen nur erhalten, wenn es eine entsprechend hohe Zahl von Angeboten abgibt. Bei einem normalen Auftragsstand müssen die *Lieferfristen* zumindest so weit den Vorstellungen des Kunden entsprechen, daß er keinen Anlaß hat, aus diesem Grund ein Konkurrenzoffert zu bevorzugen. Wenn zum Beispiel durchschnittlich auf

5 Angebote mit einem Auftrag zu rechnen ist, so kann in der Regel nur für diesen einen Auftrag Kapazität reserviert werden, obwohl bis zum Ablauf der Bindefrist auch für die restlichen 4 Angebote die gleichen Lieferfristen gelten.

Die Verteilung der Fertigungsstunden auf die innerhalb einer Lieferfrist liegenden Monate entspricht überlagerten Binomialfunktionen, die symmetrisch oder unsymmetrisch sein können und, von der Durchlaufzeit eines Auftrages und der Zahl der Arbeitsstunden abhängig, sehr voneinander abweichen. Der Zeitpunkt des Materialeinganges und der Bereitstellungstermin für ein fertiges Werkstück lassen sich nicht allzu sehr beeinflussen. Durch eine günstige Verteilung der Stunden aber kann eine optimale Auslastung der personellen und maschinellen Kapazitäten erreicht werden. In der sogenannten Grobplanung sind die Arbeits- oder Maschinenstunden für die bereits laufenden Aufträge nach Wochen oder Monaten summiert. In Verbindung mit dem Absatzplan ist zu prüfen, welche der aussichtsreichen Projekte am besten geeignet sind, die noch freie Kapazität so zu nutzen, daß die Produktionsabteilungen zumindest ihre Kosten decken können.

7.62. Zwischenbetriebliche Kooperation

In der Investitionsgüter-Industrie wird es auch bei bester Abstimmung immer wieder zu Engpässen auf der einen Seite und zu der Unterbeschäftigung einzelner Maschinengruppen auf der anderen Seite kommen. Eine optimale Produktionsplanung wäre möglich, wenn die Größenordnung der Aufträge nicht zu sehr schwankt und mindestens 100 Aufträge pro Jahr zu fertigen sind. Im Anlagenbau kann es aber vorkommen, daß bis zu $^3/_4$ der Kapazität des Unternehmens für die Erfüllung einzelner Aufträge kaum ausreichen. Investitionsgüter nehmen Dimensionen an, die die Hersteller hinsichtlich Kapitalbedarf und Risiken überfordern. Wer in dieser Sparte für die Produktionsplanung verantwortlich zeichnet, wird mehr als andere Stellen eines Unternehmens zu der Überzeugung gelangen, daß die *zwischenbetriebliche Kooperation* wesentliche Verbesserungen bringen kann, praktikable Formen für diese weltweiten Integrationsbestrebungen aber — von gelungenen Ausnahmen abgesehen — noch nicht gefunden wurden.

Ohne feste Vereinbarung im Sinne einer Kooperation kann die Grenze der eigenen Leistungsfähigkeit durch die gelegentliche Verlagerung von Arbeiten angehoben werden. Die mit diesen Verlagerungen verbundenen Mehrkosten für die Arbeitsvorbereitung, den Transport und die Kontrolle sowie die Termin- und Gewährleistungsprobleme beinhalten immer noch weniger Risiko als Investitionen und eine

Erweiterung der Belegschaft, die dann aber kontinuierlich beschäftigt werden müssen. Die Entscheidung, ob Eigenfertigung oder Fremdbezug vorzuziehen ist, hängt nicht von der Auslastung, sondern vielmehr von einem nüchternen Kostenvergleich ab. Produktion ist die *rationelle* Umwandlung der Güter von einem Zustand geringeren Wertes in einen Zustand höheren Wertes. Eine teuere Eigenfertigung zur Überbrückung einer Unterbeschäftigung stellt das Kostendenken in Frage und weist auf eine verminderte Konkurrenzfähigkeit hin. Solchen Situationen ist eine Kooperation mit anderen Unternehmen zu fest vereinbarten Abrechnungssätzen vorzuziehen, da sich die gleichen Arbeiten rationell für das eigene und das fremde Unternehmen ausführen lassen.

7.63. Materialbeschaffung

Termine mit hohen Reserven der Materialbeschaffung vorzugeben verteuert den Einkauf und bindet zusätzliche Mittel für die Produktionsfinanzierung. Bei Serienfertigung wird ein Ausgleich zwischen den günstigsten Losgrößen für den Einkauf und den durch die Materiallagerung entstehenden Kosten zu suchen sein. Diese Aufgabe hat verschiedene Unternehmen veranlaßt, die Fertigung und die Materialverwaltung organisatorisch aneinander zu binden.

7.7. Personalplan

7.71. Primärkosten der Abteilungen oder Betriebe mit der zurechenbaren Betriebsleistung vergleichen

Fluktuation, Übergehen von geeigneten Mitarbeitern bei Stellenbesetzungen und unbefriedigende Berufskarrieren sind nur einige der Mängel, die durch die Personalplanung verhindert werden müßten. Ein Personalplan wird in erster Linie Aufschluß geben über die in den nächsten Jahren voraussichtlich notwendigen Einstellungen, Umschulungen und die Zahl der auszubildenden Lehrlinge. Der Personalplan ist aber noch sehr unsicher, wenn nicht auch der Wandel der Organisationsstruktur im Unternehmen in die Überlegungen einbezogen wird und der Plan für alle Beteiligten, also auch für höhere Führungsebenen verbindlich ist. Funktionsbeschreibungen für die einzelnen Organisationseinheiten mit Angabe des erreichbaren (geforderten) Arbeitsergebnisses und Stellenbeschreibungen (Leistungsprofile) können eine gute Hilfe sein. Wesentlich ist, daß die Personalplanung auf die Unternehmensziele abgestimmt ist und Leistung als wichtiges Kriterium für den Personaleinsatz anerkannt wird. Das Ertragsstreben zwingt zu dem ständigen Vergleich zwischen dem Personalaufwand (input) und der Wertschöpfung durch die erbrachten Leistungen (Anteil am output). Diesen

7. Beispiele für den Aufbau einer integrierten Planung

Forderungen in objektiver Weise zu entsprechen ist nicht einfach. Als *Grunddeterminanten für eine Personalplanung* werden angesehen:

a) die produzierte (abgesetzte) *Menge*
b) der Grad der *Technisierung*
c) die Art und der Umfang des *Fertigungsprogrammes*
d) das Niveau der *Betriebsorganisation*
e) die *Betriebsgröße*
f) Faktoren für die *Leistungsergiebigkeit* (Effizienz)

Die Planung nach Kopfzahl ist bei einer stark nivellierten Bezahlung möglich (s. S. 17). In der Investitionsgüter-Industrie wird die Lohn- und Gehaltssumme ausschlaggebend sein. Eine Budgetplanung ist daher vorzuziehen. Da die Lohn- und Gehaltssumme in der Kostenrechnung nicht so eindeutig ausgewiesen werden kann wie die sogenannten *Primärkosten* (Einzelkosten (69)), die neben den Personalkosten auch den sonstigen Aufwand einer Kostenstelle berücksichtigen, sind diese für einen Vergleich mit der zurechenbaren *Betriebsleistung* am besten geeignet. Durch die Beurteilung nach den Primärkosten wird die Dispositionsfreiheit des Abteilungsleiters am geringsten eingeschränkt. Verschleierungen werden aber erschwert, da zum Beispiel der Aufwand für Leistungen durch Fremde die Primärkosten erhöht. Die zurechenbaren Leistungen variieren nach Unternehmen und Betriebsbereich. Sie müssen in Abstimmung mit den betreffenden Abteilungsleitern mit größter Objektivität festgelegt werden. Die folgenden Beispiele können daher nur als Anregung gelten.

Die Primärkosten einer *technischen Abteilung* (Konstruktionsbüro) sind auf die Betriebsleistung der Sparte zu beziehen. Für Eigenfertigung und Handelsware sind verschiedene Sätze zur Anrechnung zu bringen. Kosten für Arbeiten, die mit den laufenden Umsätzen nicht in direktem Zusammenhang stehen, müssen zu Lasten des Auftraggebers gutgeschrieben werden. Die Primärkosten einer *Verkaufs- oder Projektabteilung* werden dagegen nach der Summe der in einem Geschäftsjahr hereingenommenen Aufträge beurteilt werden müssen (Absatzplan: Soll-Ist-Vergleich). Man könnte sich auch gut denken, daß höhere Kosten durchaus annehmbar sind, wenn die durchschnittlichen Deckungsbeiträge gegenüber der Marktsituation günstig sind. Die produktiven Kräfte in der Konstruktion arbeiten vielfach nach Zeitvorgaben; die Primärkosten für die *übrigen Beschäftigten* sind auf produzierte Mengen, Fertigungsstunden, Herstellkosten oder Eigenleistungen für Investitionen bzw. Instandhaltung zu beziehen. Zu der Beurteilung der Primärkosten von *Verwaltungsabteilungen* werden Betriebsvergleiche herangezogen werden müssen, für die aber nicht die bekannte Kritik

7.7. Personalplan

„Schlendrian mit Schlendrian vergleichen" zutreffen soll. Gesucht werden ja objektive Argumente, um Veränderungen in der Organisation mit dem erwarteten Erfolg durchbringen zu können. Dann erst ist mit einer zielführenden Personalbedarfsanalyse zu beginnen.

7.72. Personalbedarfsanalyse

Der Zeitraum für eine *Personalbedarfsanalyse* in der Investitionsgüter-Industrie wird 2 - 5 Jahre betragen (mittelfristige Personalplanung). In Analogie zu der bisher üblichen Personalanforderung soll auch bei der Personalbedarfsanalyse von den Vorschlägen aus allen Aufgabenbereichen des Unternehmens für den vorgesehenen Planungszeitraum ausgegangen werden. Durch eine Koordinierung seitens des Personalwesens und die Abstimmung mit der Unternehmensplanung muß aber in erster Linie eine Antwort auf die Frage gefunden werden, welches Personal quantitativ und qualitativ zur Ausführung der Pläne erforderlich sein dürfte. Ein System für diesen Vorgang wurde von einer Studiengruppe vor 4 Jahren erarbeitet (Bild 9). Das Erkennen struktureller Änderungen in den Unternehmen kann als „Nebenprodukt" von Personalbedarfsanalysen wichtige Hinweise für die Institutionen der Aus- und Weiterbildung sowie der Berufsberatung liefern.

Im Anschluß an die Arbeit der Studiengruppe war die versuchsweise Durchführung einiger Personalanalysen in Aussicht genommen, die aber in den Unternehmen auf Widerstand gestoßen sind. Vermutlich wurde eine Kluft zwischen den Soll-Personalständen nach Ausbildungsart und Stufe und dem Ist-Zustand befürchtet, die einschneidende Maßnahmen nach sich ziehen könnten. Die Einstellung widerspricht natürlich einem wichtigen Grundsatz der Unternehmensführung, nämlich zu handeln, bevor man zum Handeln gezwungen wird. So gesehen führen auch eventuelle Einwendungen von Betriebsräten gegen eine Personalbedarfsanalyse nur zu einem Vor-sich-herschieben ungelöster Probleme. Für eine Personalbedarfsanalyse unerläßlich ist aber die Information des Betriebsrates und die Anerkennung wesentlicher Grundsätze, die sich aus der menschlichen Natur ergeben und unabhängig von der jeweiligen Zeitströmung bei der Führung eines Unternehmens berücksichtigt werden müssen. Diese sind:

Der Mitarbeiter ist kein Objekt, sondern ein *Subjekt* mit persönlicher Freiheit und Würde.

Der Mensch trägt von Natur aus in sich ein Bedürfnis nach *Entfaltung* seiner Anlagen und nach *Reifung*.

Der Mensch braucht *Ordnung*.

Freiheit ist die große Quelle menschlicher Energie.

7. Beispiele für den Aufbau einer integrierten Planung

Studiengruppe Personalbedarfsanalyse der ERFA-Gruppe der Wiener Volkswirtschaftlichen Gesellschaft
Mitglieder der Studiengruppe: Dr. Fleckseder (Vorsitz)/Waag-

3. *Personalplanung:* Was	Wer
3,1. Erstellung eines auf die Zukunft bezogenen Organisationsschaubildes	Organisationsabteilung
3,2. Stellenbeschreibung, Funktionsplan (Sollzustand)	Entwurf durch Organisationsabteilung, Besprechung und Formulierung gemeinsam mit Abteilungsleitern.
3,3. Auswertung der Stellenbeschreibung (Funktionsplan) im Hinblick auf das zukunftsbezogene Organisations-Schaubild (Sollzustand)	Personalleitung, oder ein hiefür speziell Beauftragter.
3,4. Personalbestandsaufnahme (Feststellung des Istzustandes) und laufende Ergänzung.	Personalleitung in Zusammenarbeit mit den zuständigen Abteilungleitern.
3,5. Auswertung der Personalbestandsaufnahme (Istzustand).	Personalleitung, oder ein hiefür speziell Beauftragter.

ner-Biro, Dr. Früchtl/W. Hamburger, Dipl.-Ing. Ladanyi/Voith, Dr. Hoyos/Brown-Boveri, Dr. Tichy/Wirtschaftsprüferkanzlei, Dipl.-Ing. Wirth/Schoeller-Bleckmann.

Wien, den 23. Jänner 1969

Wie	Warum
Auf Grund der für den Planungszeitraum festgelegten Ergebnisse der Unternehmensplanung.	Zur Gewährleistung des optimalen Zusammenspieles der verschiedenen Bereiche des Unternehmens.
Der Entwurf wird unter Berücksichtigung der Planungsziele ausgearbeitet und anschließend mit den zuständigen Abteilungsleitern diskutiert und fertig formuliert. Mit der Stellenbeschreibung soll bei den obersten Führungsstellen begonnen werden.	Für eine sorgfältige Personalplanung ist ein Minimum an Vorstellung über die Aufgabenbereiche einer Stelle, insbesondere der Führungsstellen, unbedingt erforderlich.
Wo keine Stellenbeschreibung vorliegt, Funktionsplan und Rundschreiben mit Kompetenzfestlegungen heranziehen.	a) Zum Verbessern der Organisation b) Auffinden von Ausbildungsmängeln c) Grundlage für leistungsgerechte Entlohnung.
Schematisierung und Gruppierung des Soll-Personalstandes nach Ausbildungsart und Ausbildungsstufe.	Zum späteren Vergleich mit dem Istzustand.
Qualifikation des vorhandenen Personals nach den Anforderungen der Tätigkeit (Funktion) (z. B. fachlich, körperlich, geistig, charakterlich). Unterteilung nach Berufen und Tarifgruppen, Bewertung und Unterteilung (z. B. in 3 Gruppen, unterdurchschnittlich, durchschnittlich, überdurchschnittlich), Mehrseitige Verwendbarkeit.	Zur Bewertung des Istzustandes muß eine Personalbilanz gezogen werden, um die bereits bestehenden Mängel der gegenwärtigen Personalsituation zu erkennen und entsprechende Maßnahmen für die zukünftige Planung treffen zu können.
Schematisierung und Gruppierung des vorhandenen Personals nach Ausbildungsart, Ausbildungsstufe und Qualifikation unter Berücksichtigung der Entwicklungsmöglichkeiten (Eventuell mit Hilfe von Lochkarten).	Zum späteren Vergleich mit dem derzeitigen und zukunftsbezogenen Soll-Personalstand.

Bild 9. Ablauf einer Personalplanung

7. Beispiele für den Aufbau einer integrierten Planung

Nur *Anstrengung* bringt dem Menschen echte *Befriedigung*.

Der Mitarbeiter hat ein Urbedürfnis, mit seinem Vorgesetzten guten Willen gegen *Schutz* und *Anerkennung* auszutauschen (54).

In einem österreichischen Konzernunternehmen wird die Personalplanung in der eingangs erwähnten Form betrieben. Sie reicht bis vier Jahre voraus. Der Stellenplan ist die Basis der Planung, die folgende Motive hat:

Ersatz, Neubedarf, Mitarbeiter, die anderorts eingesetzt werden müssen. Bei Bedarf können Bewerber bis 1 Jahr vor dem Zeitpunkt des Freiwerdens einer Stelle aufgenommen werden. Diese Nachwuchskräfte werden in für die Einführung besonders geeigneten Abteilungen echt beschäftigt, das sind

im technischen Bereich:

Arbeitstechnik, Konstruktion, Forschung und Entwicklung.

im kaufmännischen Bereich:

Marketing, Revision.

Diese Nachwuchskräfte müssen auch bereit sein, als Springer in anderen Bereichen zu arbeiten, wenn Mitarbeiter über das Ausmaß eines Urlaubs hinaus ausfallen.

Aus der Personalplanung der Kostenstellen wird der Personalneubedarf in Listen erfaßt und durch Vorschläge für die Besetzung, die Einstufung, Lohn oder Gehalt ergänzt und zu einem festen Termin der Geschäftsleitung zur Genehmigung vorgelegt. In dem Konzern wird also Wert auf die langfristige Vorbereitung von Entscheidungen auf personellem Gebiet gelegt.

7.73. Auf das Unternehmensziel bezogene Personalpolitik

Bisher nicht erwähnt wurde die *Personalbeurteilung*, die ausschließlich auf die Unternehmensziele — im weitesten Sinn — bezogen sein soll. Kriterien für die Beurteilung werden in Abschnitt 10 behandelt.

Eine wertvolle Ergänzung für die Personalbeurteilung, die wenig Aufwand erfordert, könnte darin bestehen, daß in einem Unternehmen qualifizierte Mitarbeiter aufgefordert werden, eine Kopie — ihrer Meinung nach — wichtiger Berichte, Vorschläge oder anderer Ausarbeitungen der Personalabteilung zuzuleiten. Bis zu dem Zeitpunkt der Auswertung dürfte an diesen Unterlagen nichts mehr geändert werden, damit sie ein verhältnismäßig objektives Bild über die Tätigkeit und die Einstellung eines Mitarbeiters geben, wobei Einzelvorkommnisse an Bedeutung verlieren würden (36).

Bei der Beurteilung von *Vorgesetzten* können gerechterweise nur Ergebnisse herangezogen werden, die von diesen beeinflußt werden können. Zur Verbesserung der bisher erzielten Resultate müssen einem Vorgesetzten drei Möglichkeiten zur Verfügung stehen, nämlich die Auswahl geeigneter Mitarbeiter, die Kontrolle seiner Mitarbeiter und ihre fachliche Weiterbildung.

Gute *Arbeit in einer Gruppe* setzt voraus, daß die Angehörigen der Gruppe sich in ihren Fähigkeiten und Kenntnissen ergänzen. Die systematische Auswahl und Heranbildung von führenden Kräften aus dem eigenen Betrieb ist nach wie vor eine eminente Aufgabe, die man nicht dem Konkurrenten überlassen soll. Müssen die eigenen Gruppen aber durch Kräfte von außen ergänzt werden, so muß man diesen helfen, in die Gruppe hineinzuwachsen. Das wird nur gelingen, wenn die eigenen Mitarbeiter von der Notwendigkeit der Einstellung eines neuen Kollegen überzeugt sind. Bei der Beurteilung einer Bewerbung müßte mehr als bisher geprüft werden, ob der neue Mitarbeiter sich in die Gruppe wird einfügen können.

Bei der Besetzung von Stellen wäre mehr „Öffentlichkeit" als bisher äußerst wünschenswert, wahrgenommen durch eine kleine Kommission zuständiger Fachleute, die das Für und Wider der einzelnen Bewerber diskutieren. Diese aus Vertretern der beteiligten Fachgruppen und des Personalwesens zusammengesetzte Kommission wird auf Grund der Unterlagen der Personalplanung sorgfältig zu prüfen haben, ob nicht noch andere Mitarbeiter des Unternehmens für die Besetzung in Betracht kommen, an die normalerweise gar nicht gedacht werden würde. Speziell gemeint sind Mitarbeiter, die sich bereits im kleinen bewähren konnten, die willens sind, sich einer Aufgabe zu verschreiben anstatt alles dem Wunsche unterzuordnen, ohne Reibung sicher zu sein, ihre Posten zu behalten.

Mit der Nachwuchsförderung eng verbunden ist die betriebliche und die überbetriebliche Weiterbildung. Die *Erziehung des Führungsnachwuchses* wird aber doch hauptsächlich von den Vorgesetzten und dem von ihnen gegebenen Beispiel abhängen. Es sollte daher niemand zum Vorgesetzten gemacht werden, dem die Intelligenz wichtiger ist als der einwandfreie Charakter. Denn das bedeutet mangelnde Reife. Niemand darf befördert werden, der bewiesen hat, daß er eigenwillige Mitarbeiter fürchtet. Denn das ist ein Zeichen von Schwäche. Niemand darf eine Vorgesetztenstellung erhalten, der nicht hohe Maßstäbe an seine eigene Leistung anlegt. Denn das führt zur Verachtung der Arbeit und der Fähigkeiten das Managements (13).

Es wird immer Direktoren und Arbeiter, Führer und Geführte geben. Es ist auch eine Aufgabe der Erziehung, verständlich zu machen, daß dies so ist, daß aber alle gleichermaßen verdienen, *ernst* genommen zu werden.

7.8. Ertragsplan

Die eingangs genannten Unternehmensziele (s. 3.) sind nur zu erreichen, wenn in den einzelnen Geschäftsjahren ein *angemessener Ertrag* erwirtschaftet wird. Diese Forderung findet sicher auch in Unternehmen Beachtung, die über keine Planung verfügen. In den bisher behandelten Plänen sind die Weichen in Richtung Ertrag gestellt. Das Bilanzergebnis wird aber durch die Summe sämtlicher Planabweichungen bestimmt, wobei es am Ende des Geschäftsjahres nicht mehr darauf ankommt, welche Produktionssparten oder Kosten oder besonderen Ereignisse für den Erfolg oder auch einen Verlust ausschlaggebend waren. Der Versuch, auf Grund der einzelnen Pläne das Ergebnis der kommenden Geschäftsjahre abzuschätzen, wird in der Investitionsgüter-Industrie immer wieder unternommen. Eine Entscheidungshilfe wird aber nur ein Ertragsplan sein, für den letztgültige Zahlen laufend aus der elektronischen Datenverarbeitung zur Verfügung gestellt werden können. Bild 10 zeigt ein allgemein gehaltenes Schema für einen Ertragsplan. Dieser Plan ist besonders von der Hilfe des betrieblichen Rechnungswesens abhängig (69). Es müssen viele vorläufige Zahlen eingesetzt werden und Termine, die nicht allein von dem Unternehmen beeinflußbar sind (z. B. Übergabe von Anlagen als Basis der Erfüllung), können das Ergebnis verändern. Bei Konsumgütern werden die Deckungsbeiträge bereits häufig auch für die Erfolgsrechnung verwendet. In der Investitionsgüter-Industrie muß, wie schon gesagt, sehr viel mit vorläufigen Zahlen gearbeitet werden, und es ist schon als Fortschritt anzusehen, wenn im Rahmen einer Unternehmensplanung die Deckungsbeiträge allgemein Beachtung finden (68).

Die Ertragsplanung läßt erkennen, ob eine ausreichende Differenz zwischen dem *Aufwand* (input) und dem *Ergebnis* (output) zu erreichen ist, das Ergebnis also höherwertig sein wird als die Gesamtsumme der Einsatzelemente. Ist ein Ergebnis unbefriedigend, dann gelingt es kybernetisch betrachtet nicht, den Produktionsvorgang bzw. das System — auf Grund der erhältlichen Daten — durch Maßnahmen zu steuern, die geeignet sind, die Einsätze so zu regulieren, daß der Zustand eines dynamischen Gleichgewichtes auf dem geplanten Niveau (z. B. Mindestgewinn) erreicht wird (23). Der unzureichende Gewinn bei wesentlichen Produkten des Unternehmens ist somit im normalen Prozeßablauf als Rückkopplung zu schwach, um das Einsteuern auf den Sollwert zu bewirken. Die Steuerung des Systems ist gestört, und es wird vorwiegend nach internen Gründen für das unbefriedigende Ergebnis zu suchen sein. Dazu einige Beispiele:

Entsprechen die Gehälter und Löhne der Arbeitsintensität? (siehe Personalplanung)

Kann der Personaleinsatz den in der Investitionsgüter-Industrie immer wiederkehrenden Beschäftigungsschwankungen angepaßt werden?

Werden, bedingt durch eine starre Linienorganisation, ähnliche Tätigkeiten voneinander unabhängig ausgeführt? (z. B. AV-Kalkulation und Vorkalkulation)

Hat die Konkurrenz bessere technische Lösungen?

Ist die Materialbeschaffung auch im Hinblick auf die Dauer der Kapitalbindung wirtschaftlich? (mehr Wertanalyse — weniger Bazar-Gespräche)

7.8. Ertragsplan

(1) *Ergebnis der Kostenträgerrechnung*

Bei Investitionsgütern zählen die in einem Geschäftsjahr vollständig erfüllten Liefer- und Montageverpflichtungen.

  (1,1) *Großaufträge*

    Erlöse auf Grund der getätigten Abschlüsse minus kalkulierten Selbstkosten (nach neuestem Stand des Mengengerüstes) ohne Mehrkosten durch veränderte Basisdaten)   —   ....

  (1,2) *übrige Liefer- und Montageaufträge*

    Erlöse auf Grund der Absatzplanung minus Selbstkosten, nach Sparten getrennt errechnet, mit Hilfe von den Durchschnitten aus dem Vorjahr, d. h. veränderte Basisdaten bleiben unberücksichtigt   —   ....

  (1,3) *Mehrerlöse für abzurechnende Aufträge* durch Anwendung von Gleitpreis-Vereinbarungen

(2) *Ergebnis der Kostenstellenrechnung (Gemeinkosten-Deckungsergebnis)*

  (2,1) Gemeinkosten, die proportional zur Auslastung der einzelnen Bereiche (Produktionsplan, Absatzplan) weiterverrechnet werden   ....

  (2,2) minus Gemeinkosten-Budget für dieselben Bereiche   ....

(3) *Vergütungen (z. B. Lizenzgebühren)*   ....

Zwischenergebnis   ....

(4) *Mehrkosten durch Tarifvereinbarungen,* wirksam ab ....   —   ....

(5) *Auswirkung von Gleitpreis-Vereinbarungen mit Lieferanten*   —   ....

(6) *Gewährleistungen*

  (6,1) im Geschäftsjahr effektiv anfallende Gewährleistungskosten   —   ....

  (6,2) minus errechnetes kalkulatorisches Umsatzwagnis, das auf die unter 1. abzurechnenden Aufträge entfällt

(7) *Verlustvorsorgen für laufende Aufträge nach dem Durchschnitt der letzten Jahre*   —   ....

(8) *Vorzeitige Abschreibungen auf Basis des Investitions-Zuganges im lfd. Jahr*   —   ....

(9) *Erfordernis für 5 % Dividende einschließlich Steuern*   —   ....

Auf einen Mindestgewinn bezogener Ertrag oder Verlust   ±

Bild 10. Schema für einen Ertragsplan

Ungenaue Aufgabenstellung und mangelhafte Information?

Erfahrungsmangel und Abneigung gegen fachliche (betriebliche und überbetriebliche) Zusammenarbeit?

Überbewerten zweitrangiger Funktionen — unwirtschaftliche Hilfsstellen?

Überbewerten von Risiken?

Termindruck?

Die einzelnen Gründe können sehr wesentlich oder von Einfluß sein bzw. nur geringe Auswirkung auf das Gesamte haben. Das ist besonders zu berücksichtigen, wenn durch die Ertragsplanung Maßnahmen ausgelöst werden (11).

7.9. Finanzplan

Die Ausarbeitung von Plänen liegt in erster Linie in Händen der Linienverantwortlichen. Das gilt im besonderen für den Finanzplan, der zwar laufend mit den Ergebnissen der Unternehmensplanung abgestimmt werden muß, aber doch am wenigsten der Initiative einer institutionalisierten Unternehmensplanung bedarf. Von einer näheren Behandlung dieser Probleme wird daher Abstand genommen.

8. Planungsablauf und Kybernetik

8.1. Die geschlossene Folge der Tätigkeiten innerhalb eines Planungsprozesses

Die geschlossene Folge der sich innerhalb des *Planungsablaufes* wiederholenden Tätigkeiten ist besonders treffend in dem Modell für die strategische Planung des Stanford-Institutes dargestellt (58) (Bild 11). Die Kontrolle der Ausführung der Pläne des laufenden Geschäftsjahres und die Prüfung der Lage (Märkte) sind der Start, die Definition der Probleme (Herausforderungen) der nächste Schritt. Die beiden Vorgänge stehen unter dem Einfluß der Ergebnisse der Umweltanalyse und von Vorhersagen. Es folgen als nächste Schritte die Zielsetzung, die auch die Erwartungen der Aktionäre einbeziehen muß, dann die Festlegung der Strategien, die Bewertung und Überprüfung der Strategien und schließlich die Entscheidung, die praktisch identisch ist mit der Verteilung der Mittel (resources). Mit dem nächsten Schritt, nämlich der Ausführung, ist der Zyklus geschlossen.

8.2. Die Auswahl einer bestimmten Alternative

Eine wichtige Phase des Planungsprozesses ist die zu treffende Auswahl, also das Ausschalten bestimmter *Alternativen*. Es sind Entscheidungen mit unternehmenspolitischem Charakter, die nicht zu früh und vor allem nicht von unzuständigen Instanzen getroffen werden dürfen. Man wird daher schon frühzeitig provisorische Absatz- und technische Entwicklungspläne entwerfen und im Kreis der Verantwortlichen auf ihre Übereinstimmung mit der Unternehmenspolitik prüfen und erst danach alternative Verkaufs- oder Wettbewerbsstrategien bzw. Produkte oder Produktverbesserungen eliminieren. Dann erst kann die Planungsarbeit in dem etwas enger gesteckten Rahmen weitergeführt werden.

Es ist möglich, daß Folgepläne einen Absatzplan gegenstandslos machen. Es können z.B. Kostenanalysen zeigen, daß ein durch den Absatzplan bedingter Produktionsausbau nur dann die erwartete Rentabilität erbringt, wenn die Produktion verdoppelt werden kann. Wenn aber Absatzprognosen diese Ausweitung nicht ratsam erscheinen lassen oder Mittelrestriktionen sie nicht zulassen, muß auf den Ausbau verzichtet werden. In diesem Fall werden eliminierte Alternativen

8. Planungsablauf und Kybernetik

wieder zum Zuge kommen, und der Planungsprozeß muß, zumindest teilweise, wieder von vorne beginnen (27). In Bild 4 ist auch die Erfolgskontrolle angedeutet. Im laufenden Planungsjahr kann durch diese in der Regel nur auf operative Pläne oder Budgets Einfluß genommen werden. Die Erkenntnisse der Kontrolle sind aber eine sehr wichtige Einflußgröße der Planung für die folgenden Jahre.

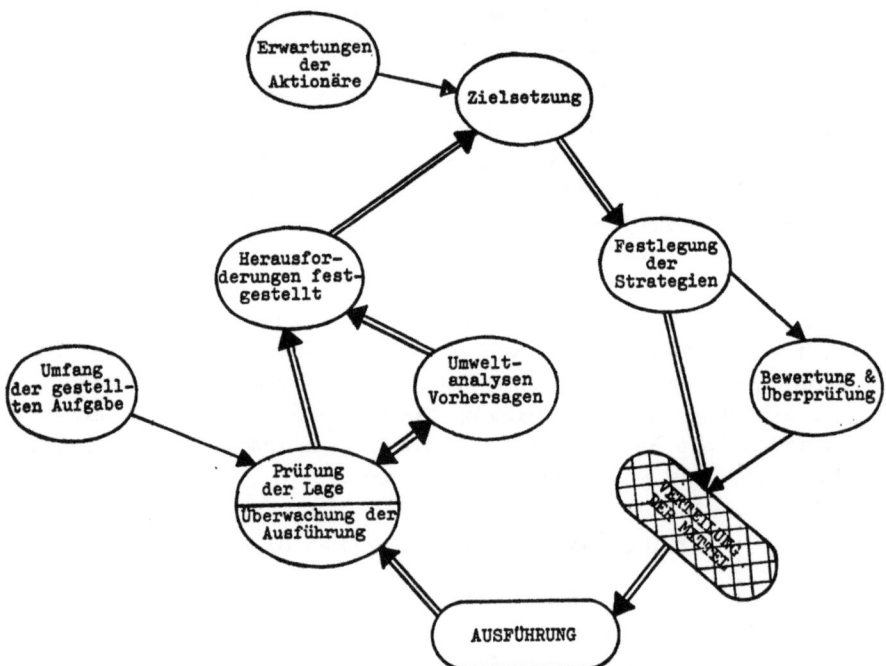

Bild 11. Die angenommenen Beziehungen in einem Modell für die strategische Planung (nach Smalter)

8.3. Die Einhaltung eines Planungskalenders

Der Planungsablauf ist terminlich an das Geschäftsjahr gebunden. Der Erfolg einer Planung wird daher sehr von der Einhaltung eines *Planungskalenders* abhängen. Die wichtigsten und daher für alle verbindlichen Zeiträume und Termine dieses Kalenders sind:

A. Die Ausarbeitung der Pläne für die *folgenden* Jahre durch die Abteilungsleiter (Bereichsverantwortlichen) mit Unterstützung der Unternehmensplanung. Für diese umfangreichen Arbeiten steht etwa die erste Hälfte des Geschäftsjahres zur Verfügung.

B. Vorlage der grundsätzlichen Planungen im 7. oder 8. Monat des Geschäftsjahres.

C. Studium der Pläne durch Geschäftsleitung und Unternehmensplanung — zwei bis drei Monate, damit die Geschäftsleitung genügend Zeit hat, mit den einzelnen Abteilungsleitern die anstehenden Probleme anhand der vorgelegten Pläne zu besprechen.

D. Fertigstellung der Pläne in einer zwei- bis dreitägigen Arbeitssitzung (Klausur), an der die Geschäftsleitung (Vorstand) und die Abteilungsleiter teilnehmen. Abgeschlossen wird diese Sitzung durch ein Protokoll der Unternehmensplanung mit klaren und präzisen Angaben für jede Abteilung (jeden Bereich) — etwa im 10. Monat des Geschäftsjahres.

E. Nach Genehmigung der einzelnen Pläne informiert die Geschäftsleitung alle Abteilungsleiter über ihre Entscheidungen und gibt Direktiven für das nächste Geschäftsjahr, wobei es aber den einzelnen Abteilungen weitgehend freigestellt sein soll, wie sie die von der Geschäftsleitung (Vorstand) gebilligten Pläne ausführen (59).

In dem Planungszyklus folgt auf die Ausführung die *Überwachung* (performance monitoring) oder *Kontrolle* (control). Zu der Überwachung eignet sich ein monatlich bzw. vierteljährliches umfassendes Berichtssystem, dem die wesentlichen Planabweichungen zu entnehmen sind. Diese Berichte sollen möglichst unabhängig von den disponierenden Abteilungen erarbeitet werden, und es ist daher auch nicht sinnvoll, die Unternehmensplanung und die Kontrolle in dieselbe Hand zu legen. Die finanzielle Abteilung hat über die Kostenrechnung in der Regel den ersten Zugriff zu den für die Kontrolle notwendigen Daten. Von dem Finanzplan abgesehen trifft diese Abteilung die wenigsten Dispositionen zu dem Geschäftsablauf, so daß sie als für die Kontrollfunktion unabhängig angesehen werden kann. Den betroffenen Abteilungen muß die lückenlose Einsicht in die einschlägigen Berichte der Kontrolle gegeben sein, und schließlich ist es Aufgabe der Geschäftsleitung (Vorstand) und der Unternehmensplanung, im Falle von Planabweichungen mit den einzelnen Abteilungen umgehend direkte Gespräche zu führen.

8.4. Das Unternehmen als kybernetisches System

Wirtschaftliche Unternehmen oder Organisationen irgendwelcher Art sind *Systeme* (s. 5.1.), zusammengesetzt aus einer Unzahl von Subsystemen, welche sich sowohl in ihrer Art (technisch, sozial, wirtschaftlich u. a.) als auch in ihrer Ebene innerhalb der Unternehmensstruktur unterscheiden (Bild 12).

Begriffe der Systemtheorie, wie Input, Output, Ziel, Abhängigkeit (interdependence), Beeinflussung (interaktion), Komplexität, Variable, Parameter, Werte, Wachstum, Kontrolle, Rückkopplung (feedback) u. a.

bürgern sich nach und nach ein. Ihre Aussagekraft ist der gewöhnlich sehr beschränkten Möglichkeit, das zu interpretieren, was uns die Erfahrung gelehrt hat (24), sicher überlegen. Wir selbst sind Elemente, die in der Regel in großen, integrierten, komplexen Systemen wirken müssen. Das Zusammenwirken der Elemente und die ständige Interaktion mit anderen Systemen, bei der Ströme von Informationen, Werkstoffen, Arbeitskraft, Anlagen und Geld fließen, stellen Kräfte dar, welche den Gang der Entwicklung in Richtung auf Wachstum, Fluktuation und Niedergang bestimmen (18).

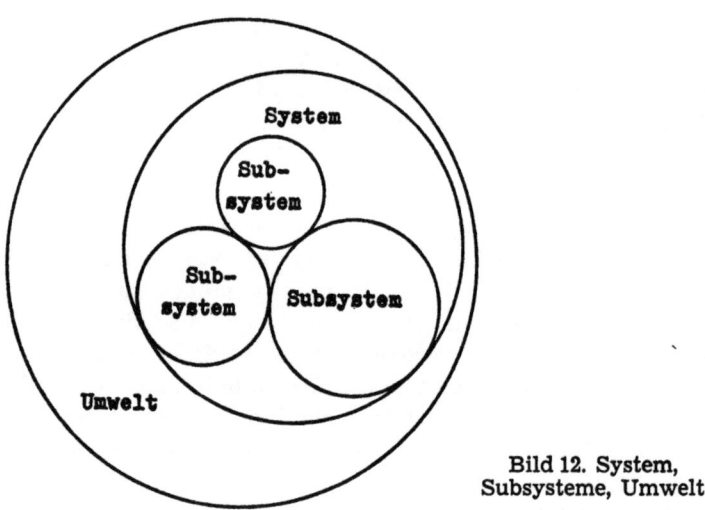

Bild 12. System, Subsysteme, Umwelt

Es ist die Aufgabe des Managements, diese Kräfte in die gewollten Bahnen zu lenken. Das kann nur im Wege von *System-Analysen* gelingen, die anzustellen ein Management unter der Heranziehung der Unternehmensplanung in der Lage sein müßte. Im wesentlichen geht es bei der System-Analyse um das Identifizieren und um vergleichende Studien der Elemente des Systems und ihrer Struktur, um die Art und die Dynamik der zwischen den Elementen wirkenden Kräfte (z. B. soziale) zu erfassen oder noch besser, zu „messen" (24). Bei der System-Analyse sind auch die Beziehungen des Unternehmens zu seiner Umwelt, Bild 12, die das Unternehmen als offenes System je unterhalten muß und der Austausch von Materie und Energie mit der Umgebung (9) zu beachten. Das Management muß sich bemühen, das System im *dynamischen Gleichgewicht* zu halten; in einem vollkommen ausgewogenen System agieren zu können, darf nach den Erkenntnissen der Allgemeinen Systemforschung aber nicht erwartet werden. Der spannungsfreie Zustand wäre gleichbedeutend mit einer Stagnation, die mit der Zeit zum Zerfallen des Systems führen würde. Eine gewisse Unzufriedenheit bleibt dem unternehmerisch Tätigen gewissermaßen als schöpferisches Element bewahrt.

8.5. Planung als Verfahren zur Gestaltung und Führung von Systemen

Planung im Unternehmen kann als notwendige *Handlung zur Gestaltung und Führung von Systemen* bzw. zur Erhaltung oder zur Steigerung ihres dynamischen Charakters angesehen werden. In einem dynamischen System sind Änderungen notwendig, sie werden unter der Mitwirkung der Elemente des Systems bestimmt. Durch einen guten Planungsprozeß sind diese Änderungen so zu steuern, daß ein mögliches Maximum von bestehenden Teilen des Systems erhalten bleibt (30).

8.6. Generelle Gültigkeit kybernetischer Vorstellungen

Das Denken in Systemen in Verbindung mit der *Kybernetik* ist für den Ingenieur, der in Theorie und Praxis mit der Regelung von Maschinen und Verfahren vertraut ist und die geistigen Werkzeuge der Planung kennt, eine logische Konsequenz. In der Verfahrenstechnik kommen die kybernetischen Begriffe Input und Output vor, man spricht von der Kontrolle eines Prozesses, die über die Rückkopplung die Einhaltung eines Sollwertes, d. h. das Erreichen eines vorgegebenen Zieles bewirkt.

Einfache Regler mit starrer Rückführung können unter Ausnützung der Eigenstabilität des geregelten Systems mit der Zeit ein dynamisches Gleichgewicht herstellen, wenn eine kleine bleibende Ungleichförmigkeit (Statik) δ_1 zugelassen wird (Bild 13). Die mit diesem Regelvorgang verbundenen Pendelungen werden, zumindest auf das System Unternehmen übertragen, als störend empfunden. Durch die Massenträgheit der zu regelnden Medien ist zur Stabilisierung die größere, zeitlich begrenzte Ungleichförmigkeit des Isodromreglers notwendig. Bei einer entsprechenden Bemessung der Steuer- und Regelorgane wird ohne wesentliche Pendelungen auf einen Sollwert zurückgeregelt. Die temporäre Ungleichförmigkeit wird — von elektrischen Regelkreisen abgesehen — durch die nachgiebige Rückführung oder den, der Rückführung überlagerten, Impulsen eines Dämpfungskreisels bewirkt. Im Unternehmen soll die Planung bewirken, daß auf Schwankungen ohne *Zeitverlust* (timelag) reagiert und das dynamische Gleichgewicht wieder hergestellt wird.

8. Planungsablauf und Kybernetik

Besondere Ereignisse können in einem Unternehmen dringende *Sofortmaßnahmen* und eine *allmähliche Umstellung von Plänen* erfordern. Ähnlich verhält es sich mit der Doppelregelung einer Freistrahlturbine. Die Druckschwankungen in der Rohrleitung bei dem Verzögern oder Beschleunigen der Wassersäule bestimmen die Zeit für das Öffnen bzw. Schließen der Düsen. Die zulässigen Schließ- und Öffnungszeiten sind viel zu lange, um eine brauchbare Frequenzregelung zu erzielen (Bild 14). Den Fluß der Medien (Informationen, Werkstoffe, Arbeitskraft

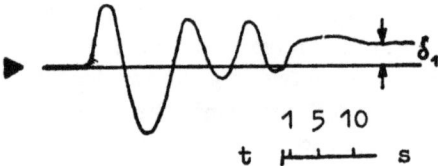

Bild 13. Regelvorgang

usw.) im Unternehmen umzuleiten ist ebenfalls mit Zeit verbunden. Es muß daher durch Sofortmaßnahmen versucht werden, Schwankungen und Abweichungen zu begrenzen. Der Strahlablenker kann in Bruchteilen einer Sekunde den Wasserstrahl teilweise oder ganz vom Laufrad ablenken. Er bleibt aber wegen des hohen Verschleißes und des Energieverlustes nur in Funktion, bis die Düsen ihre neue Stellung erreicht haben; gleich den Sofortmaßnahmen, welchen umgehend Planänderungen folgen müssen.

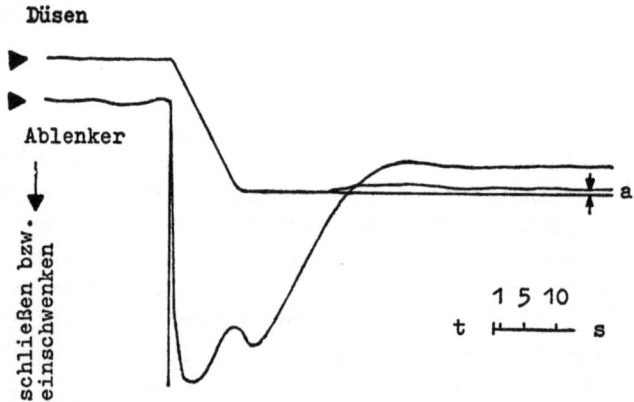

Bild 14. Regelvorgang; Doppelregelung einer Freistrahlturbine

Forrester (18) hat die Grundlagen geschaffen, das Verhalten komplexer dynamischer Systeme eingehend zu untersuchen. Er geht von der Erfassung der Variablen des Systems aus, d. s. Bewegungsgrößen wie produzierte Mengen, Auftragshöhen, Lagerbestände und ihre zeitlichen Verzögerungen während einiger Jahre oder auch die Entwicklung, das Wachstum und die Stagnation einer Stadt innerhalb von 2 Jahrhunderten. In Bild 15 unten stellt der linke Teil der Diagramme das bisherige Geschehen dar. Die nunmehr bekannten Beziehungen der Variablen wurden Punkt für Punkt durch 70-150 relativ einfache Gleichungen ausgedrückt. Die das System beschreibenden Gleichungen wurden dann in einen entsprechend programmierten Computer eingespeichert. Der mit Hilfe des Modells simulierte Verlauf (rechter Teil) der Entwicklung wird eintreten, wenn die Variablen des Systems sich den eingegebenen Bedingungen entsprechend verhalten werden. Dem Computerausdruck (19) gegenübergestellt ist in Bild 15 oben das Oszilogramm einer Flugzeug-Kurssteuerung. Der Impuls wird durch Summieren von der Wirkelabweichung a, der Winkelgeschwindigkeit ω und der Winkelbeschleunigung ε gebildet. Oben haben wir als Ordinatenmaßstab Sekunden, unten sind es Jahrzehnte. Die Ähnlichkeit der Kurven spricht wohl deutlich für die *Gültigkeit allgemeiner Systemvorstellungen.*

Die Verfahrenstechnik kennt die Abhängigkeit oder Interdependenz, z. B. zwischen einem Wärme- und einem Stoffaustausch, die Beeinflussung des Prozesses durch einen Katalysator, der die Interaktion von Elementen auslöst oder stark intensiviert. Der Mensch ist ein Element bei analogen Vorgängen im Unternehmen. Sein Fühlen, Denken und Handeln, die Kanäle der Kommunikationen zwischen diesen Elementen kennenzulernen, wird von der Systemforschung als eine besonders wichtige Aufgabe betrachtet (25). Den umfassenden systemtheoretischen Ansatz für ein Unternehmen der Investitionsgüter-Industrie zu erarbeiten, muß aber einer späteren Arbeit vorbehalten bleiben.

8.7. Die Vorhersage in wirtschaftlichen Belangen

Bei längerfristigen Planungen ist die Transformation von Daten von großer Bedeutung. Die wesentlichen beiden Transformationen sind:

a) das Umdenken von dem Modell der Gegenwart zu dem Modell einer vorhergesagten Zukunft (logical future) und

b) die von dem Modell einer gewollten Zukunft (willed future) gewonnenen Daten zu dem Erkennen der Änderungen, die in der Gegenwart vorzunehmen sind.

Diese zwei Prozesse schließen einen sehr problemreichen Akt, nämlich die Vorhersage in wirtschaftlichen Belangen ein. Planung steht sehr unter dem Einfluß der *Vorhersagetechniken,* die in der folgenden Matrix (30) übersichtlich dargestellt und bewertet werden.

8. Planungsablauf und Kybernetik

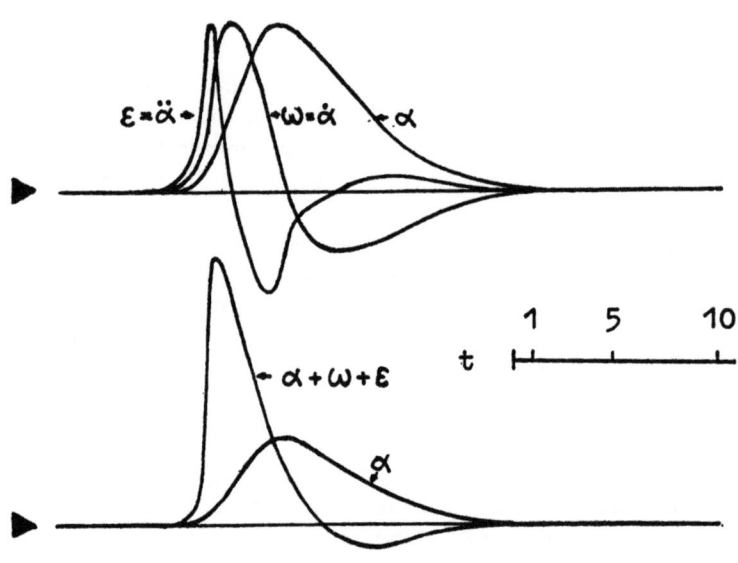

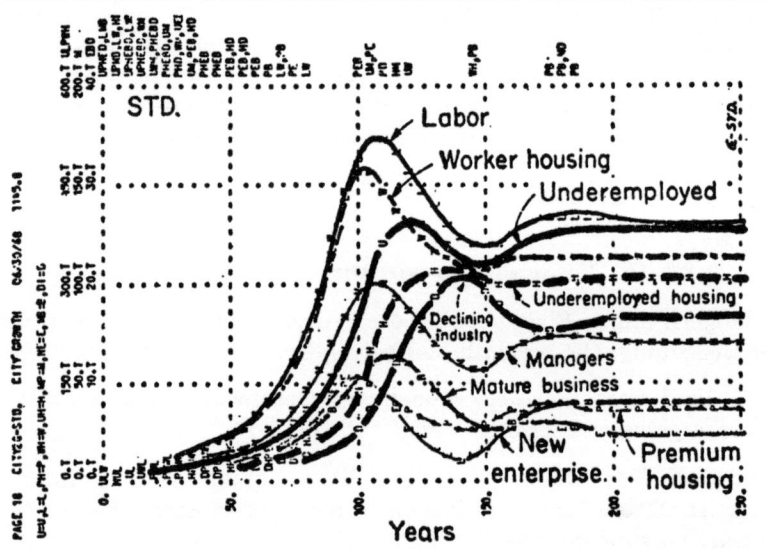

Bild 15. Ablauf der Impulsbildung einer Kurssteuerung (oben) und die Entwicklung, das Wachstum und die Stagnation einer Stadt innerhalb von 250 Jahren (unten) (aus (19))

8.7. Die Vorhersage in wirtschaftlichen Belangen

Art der Technik	forschend, untersuchend	normativ
objektiv	Verfolgen eines Trends, Arbeiten mit Modellen	operations research, lineares Programm (versuchen zu optimieren)
subjektiv	Fallstudie	Delphi-Methode, Entscheidungstheorie
systematisch	dynamische Simulation, Lernmodelle	Spieltheorie (feed back)

Bei der Anwendung der verschiedenen Methoden der Vorhersage darf nie vergessen werden, daß diese Techniken im einzelnen oft nur einem sehr beschränkten Bereich zugeordnet werden dürfen und ihre Ergebnisse niemals von absoluter Aussagefähigkeit sein können.

9. Wirksame Informationen

9.1. Systematische Gewinnung und Verarbeitung

Die Datenbestände in einem Unternehmen der Investitionsgüter-Industrie werden in der Regel für den Planungsvorgang viel zu umfangreich sein. Die aktuellen Daten der operierenden Ebene sind außerdem zu stark von den zufälligen Schwankungen bestimmt, um ein gutes Auskunftsinstrument für die Planung zu sein. Informationen müssen zu vernünftigen Kosten beschafft werden, wobei zu beachten ist, daß die Kosten sofort anfallen, Erfahrungen aber erst später — oder gar nicht — gewonnen werden. Für die Unternehmensplanung und die Kontrolle sind daher auch starre Informationssysteme weniger geeignet, da stets die für eine zu treffende Entscheidung relevanten Daten gebraucht werden. Wichtig ist eine kritische Einstellung zu Informationen, ihre *systematische Gewinnung und Verarbeitung*. Dazu gehören auch die Verdichtung und die Umrechnung von Daten; Vorgänge, die durch das „Werkzeug" Computer ungemein beschleunigt werden können.

Umgekehrt werden durch das Planen und durch die Kontrolle gewonnene Erkenntnisse mit der Zeit zu Daten. Zahlen aus der Vergangenheit müssen, soweit sie nicht überflüssig geworden sind, immer wieder korrigiert werden. Besondere Bedeutung für das Unternehmen haben Informationen, die die Zusammenhänge (Kausalitäten innerhalb eines Systems) und die künftigen Folgen von Entscheidungen erkennen lassen (38).

9.2. Menge, Häufigkeit und Genauigkeit der Informationen richten sich nach der Zuständigkeit und dem Verantwortungsbereich ihrer Empfänger

Die Informationen müssen auf die verschiedenen Entscheidungsebenen und Aufgaben im Unternehmen abgestimmt sein. Den für eine Kostenstelle verantwortlichen Abteilungsleiter interessieren z. B. die konkreten Zahlen der einzelnen Aufträge. Bereichsleiter werden nur über Aufträge zu informieren sein, die in den direkten Fertigungskosten oder terminlich um mehr als 10 % von dem geplanten Soll abweichen. Für die Unternehmensspitze schließlich ist nicht so sehr der einzelne Auftrag wichtig, sie muß abstrakt über die Entwicklung der Kostenträger, die Auslastung der Kostenstellen, über Rentabilität, Liquidität u. dgl. informiert werden.

Es wird immer wieder der Vorwurf erhoben, daß durch Informationsmonopole Macht ausgeübt werde. Andererseits ist die oft nicht mehr überschaubare Menge von Publikationen, Statistiken und vieler anderer Daten, die uns täglich erreichen, ein Hinweis dafür, daß wir eher zu viele Informationen erhalten. Bei Informationen kommt es also nicht auf die Quantität, sondern auf die Qualität und auf die *funktionelle Wirkung* an. Der partizipativ-konsultative Führungsstil verlangt, daß künftig ein wachsender Kreis von Personen mit problemlösungsgerecht aufbereiteten Informationen versorgt wird. Es wird sich zeigen, ob genügend Mitarbeiter bereit und fähig sein werden, neues Wissen aufzunehmen und auf dieses rasch zu reagieren.

9.3. Informationen als Regelimpulse

Schriftliche und mündliche Anweisungen, Telefongespräche, Berichte, Tabellen, Zeichnungen und viele andere Mittel der Information sind methodische Elemente, die als Impulse für die *sachgerechte Steuerung des Systems Unternehmen* notwendig sind. Die Gestaltung der Informationen, ihre Ausgabe, die Kanäle für ihre Verteilung, ihr Empfang, ihre Transformation und Weitergabe sind demnach kybernetische Mechanismen zur Regelung des Betriebsablaufs. Informationen sollen möglichst fehlerfrei sein, sie können daher nicht zu schnell übertragen werden. Mit dem Verlust von Informationen muß in einem System gerechnet werden. Deshalb müssen Nachrichten mit einem entsprechenden Maß an Sicherheit — also mit scheinbar überflüssigen oder redundanten Informationen — ausgestattet werden (25).

10. Ziele der betrieblichen Weiterbildung

10.1. Kriterien für die Beurteilung eines Systems

Facharbeiter werden schon seit Jahrzehnten von der Investitionsgüter-Industrie in eigenen Lehrwerkstätten ausgebildet. Ihr Können zählt zu den wesentlichen Voraussetzungen für die wirtschaftlichen Erfolge der Industriestaaten. Es wird auch von Jahr zu Jahr mehr Wert auf die sorgfältige Einschulung von Personal an neuen Maschinen oder auf neue Verfahren gelegt. Man fördert die Teilnahme von qualifizierten Mitarbeitern an externen Kursen und stellt ihnen auch Fachliteratur zur Verfügung. Diese Initiativen der Industrie sind ein Anfang, bei dem noch vieles dem Zufall überlassen bleibt. Für eine planmäßige Ausbildung und Weiterbildung von Mitarbeitern haben sich erst in letzterer Zeit vor allem größere Betriebe entschieden.

Das Unternehmen wurde schon des öfteren als System und Bereiche (Abteilungen) als Teilsysteme angesprochen (s. 8.4.). Die *betriebliche Bildung* ist *ein Hilfssystem* eines Unternehmens, das demnach nicht ohne Problembezug in Funktion treten darf. Die Bildungseinrichtungen können nur eine Hilfe bieten, wenn Teilziele nicht erreicht werden *und* die Lücke durch die Ausbildung geschlossen werden kann.

Ob ein System oder Teilsystem (z. B. Unternehmen, Abteilung, Meisterei) gut arbeitet oder nicht, sollte nach folgenden *Kriterien* beurteilt werden:

A. *Output* nach   Qualität   Quantität
                         Termin   Kosten

B. *Instandhaltung* (Leistungsfähigkeit des Systems erhalten)

C. *Development-Trend* (Vorbereitung für die Aufgaben der Zukunft)

D. *Richtlinientreue* (Bereitschaft zur Integration, kooperatives Verhalten) (64).

Die betriebliche Bildung soll also erst einsetzen, wenn die Beurteilung des Systems einen Bedarf erkennen läßt bzw. durch Weiterbildung von Mitarbeitern ein Mangel abgestellt werden könnte. In Bildung zu investieren ist nur vertretbar, wenn feststeht, daß ein Mitarbeiter eine Aufgabe erfüllen kann, so er will. Das Können hängt von der Person, der Vorbildung, dem Durchsetzungsvermögen und auch von den Umständen im Betrieb ab; das Wollen von der eigenen Motivation, also dem Wunsch nach Anerkennung, Verdienst u. ä. Zu jedem Bildungswesen gehört somit eine planmäßige Mitarbeiterförderung, heute eine der wichtigsten Aufgaben der in einem Unternehmen für den Personalsektor Verantwortlichen.

10.2. Geforderte Kenntnisse und Fähigkeiten einer Führungskraft

Häufig steht die Weiterbildung von Führungskräften zur Diskussion, die aber auch nur Aussicht auf Erfolg haben kann, wenn *Wissen, Übung* oder *Erfahrung* fehlt. In der folgenden Liste sind die wichtigsten Fähigkeiten aufgezählt, die ein Manager haben muß.

	Unternehmerische Tatkraft	— Wille zum Umgestalten (kann nur gefördert werden!)
W	Betriebswirtschaftliches *Wissen*	— Wissen von dem eigenen Bereich und den Einflußbereichen des Unternehmens
W + Ü	Managementtechniken	— *Wissen + Übung*
W + Erf.	Fachkönnen	— *Wissen + Erfahrung*
	Außerdem muß er loyal und fair sein	— müßte gegeben sein!! (64).

Nur eine der aufgezählten Fähigkeiten kann durch Wissensvermittlung allein und eine weitere durch Wissensvermittlung und Übung vermehrt werden. Erfahrungen sind auf ein bewußtes Leben aufgebaut. Sie können daher nur durch den Werdegang (Arbeitsplatzwechsel) und durch einen gezielten Einsatz (z. B. Job Rotation) einer Führungskraft wachsen. Die unternehmerische Tatkraft kann überhaupt nur gefördert oder durch Vorbild und Erziehung (s. 7.73) geweckt werden. Die charakterliche Zuverlässigkeit ist die unabdingbare Eigenschaft, die eine Führungskraft bereits mitbringen muß und nicht erst später erwerben kann (13). Wenn es die wichtigste Aufgabe einer Führung ist, die Arbeit in den unteren Ebenen des Unternehmens sicherzustellen, dann muß die Weiterbildung der Führungskräfte dazu beitragen, daß Arbeitsergebnisse an der Basis des Unternehmens besser sind als bei Konkurrenten.

10.3. Die Planung von Ausbildungsprojekten

Durch eine gute Bildungsveranstaltung muß der Teilnehmer richtig angesprochen oder, noch besser, herausgefordert sein. Er reagiert dann durch verstärkte Aufmerksamkeit, sammelt Erfahrungen und ändert

Ausbildungsprojekt:	
① Definition und Analyse des Problems:	
② Lernziel:	
③ Lehrplan (-methode, Art und Zahl der Veranstaltungen):	
④ Erfolgstest:	
⑤ Teilnehmer (von wem zu bestimmen, ungefähre Zahl):	
⑥ Termine:	
⑦ Auswertung:	
Projektleiter:	Referent:
ausgestellt:	abgeschlossen:

Bild 16. Planung eines Ausbildungsprojektes

seine Einstellung zu den behandelten Problemen (37). Eine sorgfältige Planung jedes einzelnen *Ausbildungsprojektes* durch einen Projektleiter oder einen hauptamtlichen Ausbildungsleiter ist unerläßlich (Bild 16). Wie der *Erfolg der Ausbildung* kontrolliert werden soll (Pkt. 4 in Bild 16) muß vor Beginn der Veranstaltung einvernehmlich mit dem Referenten und möglichst auch mit den Teilnehmern bestimmt werden. Abgeschlossen wird ein Ausbildungsprojekt durch eine Auswertung (Pkt. 7 in Bild 16) durch die auch festzulegen ist, ob das Lernziel erreicht wurde. Die Formblätter sind gesammelt eine wichtige Information für ähnliche Ausbildungsprojekte, um so mehr, als endgültige Aussagen über den Ausbildungserfolg schwer erhältlich sind. Der Erfolg einer betrieblichen Bildung kann eigentlich nur durch Ergebnisse, wie weniger organisatorische Fehlleistungen, bessere Qualität, weniger Ausschuß und Gewährleistungen, bessere zwischenmenschliche Beziehungen, besseres Verständnis für das Betriebsgeschehen und damit Bereitschaft zur Leistung nachgewiesen werden (Konsequenzen-Feedback).

Im Rahmen eines Bildungsplanes müssen auch die *Kosten* für Referenten, Ausbildungsmaterial, Kurse, Reisen und ausgefallene Arbeitsstunden erfaßt werden. Die durch die betriebliche Bildung vermittelten Kenntnisse kommen in gleicher Weise der Person (z. B. nach einem Ausscheiden) und dem Unternehmen zugute. Es hat sich daher bewährt, Bildungsveranstaltungen je zur Hälfte in die Dienstzeit und in die Freizeit zu legen. Gute Fachleute und ganz besonders Führungskräfte haben im übrigen nur für Bildungsveranstaltungen Zeit, die ihnen wirklich von Nutzen sind.

10.4. Externe Bildungsveranstaltungen

Über den Wert externer Bildungsveranstaltungen kann sich ein Ausbildungsleiter mit Hilfe eines einfachen Fragebogens informieren (Bild 17) und damit auch feststellen, ob die vermittelten Kenntnisse anderen Mitarbeiter des Unternehmens nützen könnten. Für die Beurteilung externer Bildungsveranstaltungen hat sich der von verschiedenen Institutionen gepflegte *Erfahrungsaustausch zwischen Ausbildungsleitern* als nützlich erwiesen.

Krasse Unterschiede zwischen der *betrieblichen Realität* und den Programmen von Bildungsveranstaltungen können leicht zu einer Entfremdung der teilnehmenden Mitarbeiter führen. Sie sehen Mängel im Unternehmen, auf deren Beseitigung sie keinen Einfluß nehmen können. Der *Ausbildungserfolg einer Bildungsveranstaltung* kann damit gleich null sein. Programme bedeutender Management-Schulen nehmen oft zu wenig Rücksicht auf die typischen Führungsaufgaben in der Investitionsgüter-Industrie und die üblichen Kenntnisse gut vorgebil-

10. Ziele der betrieblichen Weiterbildung

Über die externe Bildungsveranstaltung

....

der(s) .... am ....

bitten wir Sie, uns folgende Fragen zu beantworten:
(Zutreffendes ankreuzen!)

---

1. Hat die Veranstaltung Ihren Erwartungen entsprochen?

    sehr — einigermaßen — wenig — nicht

    O   O   O   O

---

2. Wurden Ihnen K e n n t n i s s e vermittelt, die Sie an Ihrem Arbeitsplatz anwenden könnten?

    nein O

    ja   O — Wenn möglich, Beispiel nennen!
            — Was haben Sie in die Wege geleitet?:

---

3. Wurden Ihnen K e n n t n i s s e vermittelt, die einem anderen Mitarbeiter des Unternehmens nützen könnten?

    nein O

    ja   O — Welche Vorschläge haben Sie gemacht?:

---

4. Wurden Sie bei der Veranstaltung mit neuen M e t h o d e n , z. B. für die Ablauforganisation, bekanntgemacht?

    nein O

    ja   O — welche? (kurz beschreiben oder einen Bericht beilegen!)

    Halten Sie eine R e a l i s i e r u n g dieser Methoden
    bei uns für möglich?

    ja   O

    nein O — warum? (kurze Begründung!)

Bild 17. Fragebogen über eine externe Bildungsveranstaltung

10.4. Externe Bildungsveranstaltungen

deter Inhaber derartiger Posten. An Hand einiger Kursprogramme wurde versucht, festzulegen, welche Themen für bestimmte Teilnehmerkreise ausführlich behandelt werden sollten und für welche Themen eine allgemeine Einführung genügt (Bild 18). Eine positive Ausnahme ist der folgende Kurstitel:

„Fundamentals of Finance and Accounting
for nonfinancial Executives"

Tätigkeiten im Unternehmen:

A Gesellschafter oder Geschäftsführer ohne spez. Aufgabenbereich
B Entwicklung und Konstruktion
C Produktion und Materialwesen
D Verkauf (Marketing) — Einkauf
E Finanz- und Rechnungswesen
F Administration, Personalwesen, Organisation

Themen

+ ausführliche Behandlung *modernster* Erkenntnisse
○ allgemeine Einführung (soviel zu kennen, daß man rechtzeitig merkt, wenn fachliche Beratung in Anspruch zu nehmen ist)

	A	B	C	D	E	F
Unternehmenspolitik						
Philosophie und Grundsätze	+	○	○	○	○	+
Unternehmenspolitik und Strategie	+	○	○	○	○	+
Anpassung an Veränderungen	+	○	○	○	○	+
Planung und Kontrolle						
Informationssysteme	○	+	+	○	+	○
Neue mathematische Grundlagen	○	+	+	○	+	○
Statistisch-analytische Methoden und Verfahren	○	+	+	○	+	○
Mittel- und langfristige Planung	+	+	+	+	+	+
Kybernetik und Kontrolle	+	+	+	+	+	+
Absatz — Marketing						
Marktforschung — Schaffung neuer Märkte	○	+	○	+	○	○
Verkaufsplanung	○	+	○	+	○	○
Preispolitik	○	○	○	+	+	○
Werbung	○	○	○	+	○	○
Einführung neuer Produkte	○	+	+	+	○	○
Verkaufsorganisation	○	○	○	+	○	○
Fertigung — Materialwirtschaft						
Kostenkontrolle; Rationalisierung	○	○	+	○	+	○
Zeitkontrolle; Planung der Kapazitäten	○	○	+	○	○	○
Gütesicherung — Zuverlässigkeitstechnik	○	+	+	○	○	○
Planung neuer Produkte	○	+	+	+	○	○

10. Ziele der betrieblichen Weiterbildung

	A	B	C	D	E	F
Eigenfertigung oder Zukauf	O	+	+	+	O	O
Einkauf, Lager und Transport	O	+	+	+	+	O
Anlagenplanung	O	+	+	O	+	O

Finanzielle Führung

	A	B	C	D	E	F
Grundsätze	O	O	O	O	O	O
Finanzplanung	+	O	O	+	+	O
Liquiditätsprobleme	+	O	O	+	+	O
Investitionsentscheidungen	+	+	+	O	+	O
Finanzierung, Kreditapparat	+	O	O	+	+	+
Geld- und Kapitalmarkt	+	O	O	+	+	O
Bilanz-Steuern	+	+	+	+	+	+

Personelle Führung

	A	B	C	D	E	F
Menschenführung, -kenntnis	+	+	+	+	+	+
Die Einstellungen, die Erwartungen und die Reaktionen der Menschen in der Gruppe	+	+	+	+	+	+
Autoritätsprobleme	+	+	+	+	+	+
Aufgabe des Personalleiters	+	O	O	O	O	+
Personalplanung, -beurteilung	O	O	O	O	O	+
Personalausbildung und -weiterbildung	O	O	O	O	O	+
Lohn und Gehalt	O	O	O	O	O	+
Betriebliche Sozialpolitik	O	O	O	O	O	+

Organisation

	A	B	C	D	E	F
Ziel des Organisierens	+	+	+	+	+	+
Organisation des Arbeitsablaufes	+	+	+	+	+	+
Leitungsorganisation	+	+	+	+	+	+
Festhalten organisatorischer Regelungen	+	O	O	O	O	+
Bedeutung der informalen Organisation	+	O	O	O	O	+
Stab und Linie	+	O	O	O	O	+
Delegation und Verantwortung	+	+	+	+	+	+
Organisationsplanung	+	+	+	+	+	+
Innerbetriebliche Information und Kommunikation	+	+	+	+	+	+
Das betriebliche Vorschlagswesen	O	+	+	O	+	+
Geschäftsbriefe, Berichte, Nachrichtenmittel	+	+	+	+	+	+

Führungstechniken

	A	B	C	D	E	F
verschiedene Methoden	O	O	O	O	O	O
Die Kreativität	+	+	+	+	O	O
Rhetorik, Gruppendynamik	+	+	+	+	+	+
Erfolgreiche Konferenzleitung und Verhandlungsführung	+	+	+	+	+	+

Das Unternehmen in einer sich wandelnden Umwelt

	A	B	C	D	E	F
Österr. und intern. Sozialpolitik	+	O	+	O	O	+
Österr. und intern. Wirtschaftspolitik	+	O	O	+	+	O
Fragen internationalen Rechts	+	+	O	+	+	+
Strukturwandlungen der Weltwirtschaft	+	+	+	+	+	+

Bild 18. Nach der Tätigkeit der Teilnehmer modifiziertes Programm für einen Management-Kurs.

10.5. Planung als Lernprozeß

Der Aufbau einer wirksamen und im Aufwand tragbaren mittelfristigen Planung ist im übrigen ein mühsamer Lernprozeß. Die Planung muß sich zunächst gegen die übliche Fehleinschätzung durchsetzen und den so wichtigen Gruppenprozeß aktivieren. So gesehen, kann der Aufwand für die *Planung nebenbei als gute Investition zur Ausbildung von Führungskräften* gewertet werden. Man soll daher auch nicht die Planungsgenauigkeit als höchste Tugend in den Vordergrund stellen wollen, sondern vielmehr die zusätzlichen Erkenntnisse und Informationen, die im Laufe eines Planungsprozesses gewonnen werden, beachten (43). Eine entscheidende Voraussetzung für die erfolgreiche Einführung einer integrierten Unternehmensplanung ist die Bereitschaft der leitenden Instanzen, vor allem der obersten Unternehmensleitung, an diesem Lernprozeß in geeigneter Form selbst aktiv teilzunehmen und ihre persönliche Arbeitsweise entsprechend anzupassen.

11. Die Rolle der leitenden Angestellten

11.1. Leitende Angestellte sind unternehmerisch tätig

Die menschlichen Beziehungen zwischen den leitenden Angestellten (Middle-Management) und der Geschäftsleitung (Top-Management) sind für die erfolgreiche Einführung einer Unternehmensplanung von grundlegender Bedeutung. Fehler im Führungsstil werden in der Regel von Topmanagern überhaupt nicht bemerkt und von den Führungskräften mehr oder minder ertragen (45). Von einer Kluft zwischen den beiden entscheidenden Exponenten der Unternehmensführung zu sprechen, ist sicher übertrieben; wer aber für Planung im Unternehmen ist, der muß auch diese Probleme analysieren und schließlich die Unternehmensverfassung neu überdenken.

Beginnen wir mit dem Topmanagement, das zumindest in Österreich mehr oder weniger mit dem *Vorstand einer Aktiengesellschaft* identisch ist. Ein Vorstand setzt sich bekanntlich aus Persönlichkeiten zusammen, die der von den Aktionären gewählte Aufsichtsrat — dem auch Vertreter des Betriebsrates angehören — bestellt. Es ist durchaus üblich, daß einzelne Aktionärsgruppen bestimmte Personen ihres Vertrauens vorschlagen, was u. U. zur Folge hat, daß die Mitglieder eines Vorstandes unter verschiedenen Prämissen handeln. Sie müssen sich über eine Geschäftsordnung einigen, die der Genehmigung durch den Aufsichtsrat unterliegt. Einig wird sich der Vorstand in seinem Streben nach Erfolg sein, nach Gewinn (profit) als Voraussetzung für die Befriedigung der Wünsche der verschiedenen Gruppen. Dazu wird der Vorstand einer Aktiengesellschaft zunächst in Bilanzjahren denken und den kurzfristigen Erfolg suchen. Ein Management-Problem ist aber nicht als gelöst anzusehen, wenn augenblickliche Gewinne mit einer Gefährdung der langfristigen Rentabilität, ja vielleicht des Bestandes der Gesellschaft erkauft werden (13).

Das Topmanagement wird bestenfalls in der Pionierphase eines Unternehmens alleiniger Träger von Ideen sein. Am häufigsten sind es die leitenden Angestellten und ihre engsten Mitarbeiter. In diesem Sinne ist die bekannte Definition, „daß leitende Angestellte für den Bestand und die Entwicklung des Betriebes wichtige Aufgaben auf Grund besonderer Erfahrung und Kenntnisse erfüllen", zutreffender als die Bedingung, „daß leitende Angestellte zur selbständigen Einstellung

11.2. Welche Hinweise sind in den einschlägigen Gesetzen zu finden? 91

und Entlassung von im Betrieb beschäftigten Arbeitnehmern berechtigt sein sollen". *Leitende Angestellte* prägen in vielem den Arbeitsstil des Unternehmens, stehen aber als Einzelpersonen in einer subjektiven Konfliktsituation (60), in der sie u. U. selbst gestellte Forderungen gegen persönliche Vorteile, möglicherweise sogar gegen ihre Existenz, abwägen müssen. Leitende Angestellte haben mit anderen Menschen gemein, daß sie nicht gerne den Märtyrer spielen, sondern vielmehr zusammen mit ihren Familien an der allgemeinen Wohlfahrt teilhaben möchten. Häufig muß der leitende Angestellte aber Entscheidungen in „traditionsbeladenen Systemen" treffen, für die es kennzeichnend ist, daß eine Strategieänderung Nachteile bringen kann. Das wird jeder bestätigen, der neue Ideen bei den Käufern oder auch im eigenen Haus durchgesetzt hat. Das Hauptproblem ist es dabei, anderen plötzlich klarzumachen, daß neuerdings das Gegenteil optimal sein soll. Leitende Angestellte handeln so als *Einzelpersonen,* sie gehören keinem Organ an.

11.2. Welche Hinweise sind in den einschlägigen österreichischen Gesetzen über die leitenden Angestellten bzw. die Unternehmensführung allgemein zu finden?

Das *Aktiengesetz* 1965 (2), das *Angestelltengesetz* 1921 (3) und das *Handelsgesetzbuch* 1897 (22) sagen übereinstimmend aus, daß letzte Entscheidungen dem Unternehmer bzw. in Aktiengesellschaften dem diese Funktion auf Zeit ausübenden Vorstand vorbehalten bleiben müssen. § 70 des *Aktiengesetzes* verpflichtet den Vorstand, *die Interessen der Aktionäre, der Arbeitnehmer und öffentliche Interessen* im Auge zu haben. Leider enthält das Gesetz keinen Hinweis, daß dieser Forderung auch längerfristig gesehen, entsprochen werden muß. Die Behauptung des geführten Unternehmens (maintenance) und das Bemühen um die Weiterentwicklung (development) spielen nach dem Wortlaut des Gesetzes für die Entlastung eines Vorstandes keine besondere Rolle. Auch § 75 enthält keinen Hinweis auf das Wirken des Vorstandes in der Gesellschaft; es wird nur auf den Widerruf der Bestellung bei Unfähigkeit zur ordnungsgemäßen Geschäftsführung verwiesen. Interessant ist in § 78 die strenge Trennung zwischen der Funktion eines Vorstandes und dem gültigen Anstellungsvertrag. In letzterem unterscheidet sich also das Mitglied eines Vorstandes wenig von einem leitenden Angestellten, von dem übrigens nur in § 80 in Verbindung mit einer Kreditgewährung die Rede ist.

Das *Angestelltengesetz* aus dem Jahre 1921 regelt im wesentlichen den Dienstvertrag der Privatangestellten. Es findet laut § 2 Anwendung auf das Dienstverhältnis von Personen, die vorwiegend zur Leistung kaufmännischer oder höherer nicht kaufmännischer Dienste oder zu

Kanzleiarbeiten im Geschäftsbetrieb von Unternehmungen angestellt sind. Über die *Tätigkeit von leitenden Angestellten* und die mit einer modernen Unternehmensführung in Zusammenhang stehenden Probleme wird *nichts ausgesagt*. In den §§ 48 - 54 des *Handelsgesetzbuches* ist die Vertretungsbefugnis der Prokuristen und Handlungsbevollmächtigten geregelt. Der Kreis der mittleren und höheren Führungskräfte wird in diesem Gesetz aus dem Jahre 1897 bereits genannt. Hinweise, z. B. über ihre Stellung im Unternehmen, sind aber nicht zu finden.

Besser entsprechend, aber auch noch unverbindlich, ist die folgende *Definition des leitenden Angestellten,* die von einer „Union leitender Angestellter" in der BRD formuliert wurde (47). Danach sollen künftig leitende Angestellte diejenigen Angestellten sein, „die nach Dienstvertrag oder Dienststellung regelmäßig und im wesentlichen eigenverantwortlich entweder übertragene Arbeitgeberbefugnisse wahrnehmen oder für Bestand und Entwicklung des Betriebes wichtige Aufgaben auf Grund besonderer Erfahrungen oder Kenntnisse, insbesondere einer abgeschlossenen Hochschulbildung oder einer anderen in dem jeweiligen Wirtschaftszweig erforderlichen Spezialausbildung erfüllen".

11.3. Kreative Aktivität oder Konformität?

Es hat den Anschein, daß die im großen Umfang betriebene Management-Ausbildung die in vielen Unternehmen im Hinblick auf Führungsstil und Führungsverhalten bisher herrschende Situation kaum beeinflußt hat (62). Mündige Mitarbeiter geraten mit überkommenen Betriebsstrukturen zunehmend in Konflikt. Die *kreative Leistung* findet mitunter wenig Sympathie. Die mit dem notwendigen Erneuerungsprozeß beauftragten Führungskräfte werden zu den weniger „beliebten" gezählt, Beachtung finden vielmehr wieder Tätigkeiten, die die Bilanz des laufenden Jahres verbessern könnten. Vorleistungen werden schnell vergessen; noch schlimmer ist es, wenn *Konformität* und „positive" Einstellung belohnt werden.

Atteslander hat in seinem Buch „Die letzten Tage der Gegenwart" (7) diese gesellschaftlichen Anpassungsvorgänge beschrieben, die das Urteil über die Gegenwart trüben, indem man entscheidenden Fragen ausweicht oder sie konformistisch beantwortet. Nach *Atteslander* haben wir bei diesem Training der kontinuierlichen Anpassung viele unserer angeborenen Instinkte verloren. Phantasielosigkeit führt zu einem verhängnisvollen Harmoniedenken. Aus dieser Sachlage kann ein Fehlurteil nach dem anderen entstehen. Die Gesellschaftskomödie des 17. Jahrhunderts und bei uns später *Ferdinand Raimund* haben die Gefahr dieses menschlichen Verhaltens dem Publikum vor Augen geführt. *Raimund* läßt im „Verschwender" seinen Wolf sagen: „Die Klugheit hat mich lächeln gelehrt. Oh, es ist eine große Sache um das Lächeln. Wie viele Menschen haben sich ihr Glück erlächelt,

11.4. Die Unternehmensverfassung neu überdenken

und ein Schwachkopf kann eine Minute lang für einen vernünftigen Mann gelten, wenn er zu lächeln weiß."

Auf das Unternehmen übertragen heißt das: Es wird an die eigene Karriere gedacht statt an den Nutzen, den die Arbeit dem Unternehmen bringen soll. Mitunter geraten so durch unersättliche Forderungen Einzelner die Einkommensstrukturen aus dem Gleichgewicht. Eigennütziges Verhalten wird systematisch belohnt und damit kaum jemand mehr zum gemeinnützigen Handeln ermuntert (44).

Das Unternehmen als System sieht sich Einflüssen einer Umwelt gegenüber, die immer rascheren Änderungen unterworfen sind. Das *Unternehmen* als sozialer Verband verlangt nach Stabilität, die *Umwelt* nach Veränderungen. Ein *sinnvolles Gleichgewicht* zwischen diesen gegensätzlichen Bedürfnissen herbeizuführen, ist eine Aufgabe des Managements, die von den Führungskräften Weitblick, Erfahrung und Bekanntschaft mit verschiedenen Menschen verlangt. Die leitenden Angestellten müssen, wie *Schwarzkopf* fordert (57), die Spielregeln des menschlichen Zusammenarbeitens kennen, d. h. die Arbeit gut ausgebildeter, kritisch mitdenkender sowie sachlich argumentierender Mitarbeiter koordinieren. Der Erfolg der Industrie beruht ganz wesentlich auf der Qualität der Führungskräfte. Wenn diese ihre Aufgabe aber weder persönlich noch fachlich erfüllen können oder nicht mehr von den Dingen verstehen, die zu ihrer Funktion gehören, als die anderen, die ihnen zugeordnet sind, dann führt dies zu einem Ränkespiel von Personen, die sich gegenseitig an der Macht halten. Gute Leute können sich nicht durchsetzen, sie werden an die Wand gespielt.

11.4. Wie können qualifizierte Führungskräfte einen angemessenen Einfluß auf die Unternehmenspolitik erlangen?

In jeder Hinsicht untauglich ist es, Führungskräfte vor vollendete Tatsachen zu stellen. Ihre Mitwirkung bei der Vorbereitung grundlegender Entscheidungen kann mit Recht gefordert werden. Je schwieriger Probleme im Unternehmen sind, um so wichtiger ist es, daß diese frühzeitig von geeigneten *Aktionsgruppen* (joint bodies) beraten werden (s. 5.4.). Diese Kreise sind von der Unternehmensleitung nach der Art der Aufgabe zu bilden. Für die Mitwirkung kommen nur Personen in Betracht, die *sachlich zuständig* sind und *konstruktiv mitarbeiten* (44). Die Aktionsgruppen erhalten Aufgaben gestellt. Die Ergebnisse ihrer Arbeit sind der Geschäftsleitung normalerweise schriftlich zur Beschlußfassung vorzulegen. Die Aktivität dieser Gruppen wird erhalten durch das anerkennende Lob für erreichte Erfolge — wer nicht zu loben versteht, sollte aufhören, sich im Bereich der Menschenführung zu engagieren — und die ebenfalls immaterielle Anerkennung im Ansehen, im Betriebsklima und schließlich in dem Interesse weiterer Mitarbeiter, in dieser Form im Unternehmen aktiv zu werden. Die in den Aktionsgruppen tätigen Führungskräfte sind ferner zu verpflichten, daß sie Informationen an Beteiligte weitergeben und für eine Meinungsbildung in den ihnen unterstellten Abteilungen oder der von ihnen zu betreuenden Belegschaft sorgen. Dem Vorstand würde es obliegen, die von den Aktionsgruppen erarbeiteten Problemlösungen zu billigen, sich für eine Alternative zu entscheiden oder Weisungen zu geben, die dann einen Rahmen für die weitere Tätigkeit einer Aktionsgruppe darstellen.

Die zahlreichen Veröffentlichungen (71) (72) über die japanische Wirtschaft enthalten interessante Informationen über die *Unternehmensverfassung* und die grundlegende Einstellung des Managements. Bekanntlich wird die japanische Wirtschaft in jeder Hinsicht durch den Staat gefördert, ihr Gedeihen ist ein nationales Anliegen, der Unternehmenserfolg wird als eine nationale Aufgabe anerkannt. Zunächst ist es die Geisteshaltung eines Großteils der Bevölkerung, die entscheidend zum Erfolg beiträgt. Die Unternehmensverfassung ist in vielen Belangen patriarchalisch, sie sieht aber eine echte Partizipation, und zwar von unten nach oben, vor. Das Topmanagement ist bemüht, die Unternehmensziele, verständlich formuliert, den Mitarbeitern bekanntzugeben. Sie werden anerkannt und stellen eine permanente Motivierung in bezug auf Qualitäts- und Produktivitätssteigerungen dar. Die Mentalität des Japaners, unauffällig zu wirken, ist ein weiterer Vorteil. Die Gesamtdauer von Planung, Beschlußfassung und Durchführung ist wesentlich kürzer als in westlichen Unternehmen. Die erfolgreiche Gruppenarbeit hat zu einem ausgeprägten Gruppengefühl geführt. Die Gruppe ist bestrebt, Beschlüsse im Konsens zu fassen, Mehrheitsentscheidungen sollen verpönt sein. Unter diesen Voraussetzungen ist es verständlich, wenn sich Entscheidungen des Topmanagements auf die Vorarbeit der leitenden Angestellten stützen, indem es beschlußfähigen Vorlagen zustimmt oder neue Vorlagen verlangt. Geführt wird durch Überzeugung und Beispiel. Management und Mitarbeiter — meist ein Arbeitsleben lang mit demselben Unternehmen verbunden (lifetime employment) — identifizieren sich mit dem Unternehmen. Gute Leute leisten auf verschiedenen Ebenen wertvolle Arbeit. Sie können mit Rücksicht auf die älteren Führungskräfte nicht zu früh ganz oben sein. Ihre fachliche und persönliche Fortentwicklung entspricht dem Rhythmus unseres Lebens. Sie erreichen den Kulminationspunkt ihrer Laufbahn eher spät und machen dann nach einer absehbaren Zeit wieder jüngeren Kräften Platz. Es kommt dabei sicher vor, daß Nachwuchskräfte mit unternehmerischen Ambitionen Vorgesetzte jahrelang vor sich herschieben müssen. Die Vernunft und die Fairness verlangen eine gewisse Rücksichtnahme auf Anciennität. Im übrigen ist ein zu junges Management zumindest ebenso gefährlich wie ein überaltetes (13).

Einige Voraussetzungen, die zu der aktiven Wirtschafts- und Zahlungsbilanz der Japaner geführt haben, treffen für uns nicht zu. Die *Unternehmensverfassung zu verbessern*, liegt aber allein in unserer Hand, und die wenigen Hinweise zeigen schon, was bei uns im Interesse unserer Volkswirtschaft und im Interesse leistungswilliger Führungskräfte geschehen sollte.

11.4. Die Unternehmensverfassung neu überdenken

Im Wirtschaftsleben gewinnen wissenschaftliche Methoden zunehmend an Bedeutung. Das verstärkt den *Einfluß* von Menschen mit besonderer fachlicher Qualifikation und bietet diesen Führungskräften oder Spezialisten Möglichkeiten für ihre Emanzipation innerhalb einer sonst streng hierarchischen Organisationsstruktur. Man wundert sich, warum hochqualifizierte Ingenieure und Naturwissenschaftler in der Vergangenheit nicht selbst versucht haben, direkten Einfluß auf die Planung und die Personalpolitik ihres Unternehmens zu erhalten. Nach *Rühli* (50) wird der Grad der Kooperation bei der Führung oft an der Einflußmöglichkeit gemessen, welche Personen bei *jenen* Entscheidungen ihrer Vorgesetzten haben, die sie direkt betreffen.

Die meisten *Mitbestimmungsmodelle* übersehen die wichtigste Funktion der leitenden Angestellten, die weder in den Betriebsrat integriert sind noch durch diesen wirksam vertreten werden. Im Falle einer Erweiterung der betrieblichen Mitbestimmung ist zu fürchten, daß den Führungskräften verschiedene Zuständigkeiten und Befugnisse direkt oder indirekt genommen werden. Die Forderung „keine Mitbestimmung über uns ohne uns" (47) gilt daher ganz besonders für leitende Angestellte.

Die Rückbindung einer Führungsfunktion an den Willen der Betroffenen — die in sehr verschiedenen Formen und keineswegs nur durch paritätische Ausschüsse erfolgen kann — hat ihren guten Sinn. Diese Vertrauensbasis zwischen leitenden Angestellten und ihren Mitarbeitern zu schaffen, ist durchaus möglich. Leitende Angestellte könnten in gleicher Weise an der Auswahl ihrer Vorgesetzten mitbeteiligt sein, indem man vor einer Neubestellung auch ihre Meinung *anhört*. Es ist sicher, daß unter solchen Voraussetzungen einem neuen Vorgesetzten ein anderer Vorschuß an Vertrauen und auch ein anderes Maß an Solidarität entgegengebracht wird als demjenigen, den man sozusagen als Schicksal vorfindet.

Bisher wurde bewußt von *d e n leitenden Angestellten* gesprochen, da es ein erstaunliches Faktum unserer Zeit ist, daß ein Einfluß, der in der Gruppe ausgeübt wird, augenscheinlich leichter Vertrauen findet als eine Aktivität, die ein einzelner isoliert ausübt. Es wird damit das Risiko der einzelnen Führungskraft, als „rebellierender Mitarbeiter" angeprangert zu werden, vermindert und die Aufrichtigkeit gefördert, die Unternehmensleitung und in Sonderfällen auch den Aufsichtsrat auf unangenehme Nebeneffekte neuer Entwicklungen aufmerksam zu machen.

11.5. Eigenständige Interessenvertretung der leitenden Angestellten

Die Tätigkeit der leitenden Angestellten ist durch die einschlägigen Gesetze nur sehr lückenhaft geregelt. Die aus der Rechtslage und von verschiedenen betriebsinternen Vereinbarungen abgeleiteten Unternehmensverfassungen sind vielfach unzureichend. Es gibt für leitende Angestellte keinen Weg — vom Goodwill des Vorstandes abgesehen — als Gruppe aufzutreten, ein Forum zu haben, das im Falle von Konflikten eine objektive Klärung herbeiführen kann, und schließlich eine *Vertretung ihrer speziellen Interessen* zu finden. Ein typisches Beispiel für die Notwendigkeit einer offiziellen Vorsprache beim Vorstand ergibt sich, wenn die Arbeit einer Aktionsgruppe durch die Verzögerung von Entscheidungen des Vorstandes behindert wird oder leitende Angestellte ihre Aufgabe nicht erfüllen können, weil sie bewußt übergangen werden. Der Satz: „Ein menschenwürdiges Leben ist ein Leben frei von Angst im Vertrauen auf eine praktizierte, allgemeine menschliche Solidarität" soll auch für leitende Angestellte gelten. Sie müssen oft — ob populär oder nicht — Stellung beziehen und in verschiedenen Belangen den Behörden gegenüber persönlich die Verantwortung tragen. Sie können daher mit gutem Recht verlangen, daß es ohne die Gelegenheit, den eigenen Standpunkt selbst oder über Personen ihres Vertrauens vertreten zu können, keine Entscheidungen *über* sie geben soll.

Die *Festigung der Stellung der leitenden Angestellten* muß einergehen mit einer angemessenen politischen Repräsentation und einer höheren gesellschaftlichen Anerkennung der technischen Berufe, insbesondere in der heutigen Zeit rückläufiger Studentenzahlen in den Ingenieurwissenschaften (42). Der Einfluß der leitenden Angestellten in der Öffentlichkeit kann nur wachsen, wenn Wissenschaftler, die an der Front der Forschung und auf dem Höhepunkt ihrer Leistungskraft stehen, aber auch Planungs-, Marketings- und Organisationsexperten, sich in den bestehenden fachlichen Vereinigungen engagieren und an Einfluß gewinnen. In Kooperation mit Spezialisten anderer Disziplinen müssen gesellschaftlich gesehen gemeinsame Wertsysteme, Präferenzlisten oder Orientierungen entwickelt werden (61). Eine Vertretung leitender Angestellter muß für die *Meinungsbildung* unter ihren in Wirtschaft und Forschung tätigen Kollegen sorgen und sich in ihren Aktivitäten in gleicher Weise dem bestmöglichen Wirkungsgrad für die Arbeit der Mitglieder und deren sozialem Interesse annähern.

Wenn innerhalb der Unternehmen Mitarbeiter „entwickelt" werden, die keine bequemen Befehlsempfänger sind, sondern den Titel „Mitarbeiter" erst echt verdienen, dann werden diese Menschen mit der Zeit kritische und positiv denkende Staatsbürger, die sich nicht so leicht

11.5. Eigenständige Interessenvertretung der leitenden Angestellten

manipulieren lassen (57). Es ist durchaus selbstverständlich, daß die Führungskräfte und die Spezialisten in Industrieunternehmen mitunter ihre Eigeninteressen verfolgen. Sie sollen aber gleichzeitig motiviert werden, *den Interessen der Gesellschaft zu dienen* (29). Die Verbesserung der Unternehmensverfassung ist also eine Voraussetzung, die politische Wirklichkeit zu verändern und ihre Mängel zu beheben. Die Mitwirkung der Führungskräfte der Industrie im Rahmen des größeren gesamtgesellschaftlichen Systems ist ein Beginn im Hinblick auf eine „Demokratisierung" des staatlichen Planens. Die Gesellschaft wird damit in die Lage versetzt, ihren Wandel selbst zu bestimmen und — wie häufig gefordert wird — die Technik nach diesem Wandel auszurichten.

12. Schluß

12.1. Unternehmensplanung und Operations Research

Die Einführung einer Unternehmensplanung wird in einem Unternehmen der Investitionsgüter-Industrie normalerweise nur betrieben werden, wenn die Geschäftsleitung bereits die Überzeugung hat, ein Verfahren an der Hand zu haben, das geeignet ist, dem Unternehmen ein besseres wirtschaftliches Ergebnis zu sichern. Die Vorstellungen über die Unternehmensplanung sind zu diesem Zeitpunkt in der Regel noch sehr vage. Wird nur an das Herausfinden von optimalen Lösungen für einzelne Probleme gedacht, dann entsprechen jene mathematischen Methoden am ehesten, die unter dem Begriff *Operations Research* der Verbesserung und Objektivierung von unternehmerischen Entscheidungen dienen. Diese mathematischen Methoden zur wirtschaftlichen Optimierung sind vergleichbar mit den heute schon sehr weit entwickelten technischen Berechnungen. Durch ein Rechenmodell läßt sich zum Beispiel vorherbestimmen, wie ein zu regelndes System unter den verschiedensten Betriebsbedingungen arbeiten wird. Die Gesetze des Modells lassen sich auf die Anlage übertragen, wenn die getroffenen Annahmen mit der Wirklichkeit genügend genau übereinstimmen. Bei der Planung im Unternehmen haben wir es mit Menschen zu tun, und es ist sehr schwer, über ihr voraussichtliches Verhalten genügend sichere *Annahmen für mathematische Modelle* zu treffen. Das um so mehr, als mathematische Methoden von vielen nicht verstanden oder als wirklichkeitsferne „Zauberei" angesehen werden. Der Abschnitt 7 soll daher nur als Beispiel für eine mögliche Planung in einem mittleren Unternehmen der Investitionsgüter-Industrie angesehen werden. Die verfeinerten und hochentwickelten Verfahren der Operations Research kommen als Werkzeuge einer Unternehmensplanung in der Investitionsgüter-Industrie relativ selten zur Anwendung.

12.2. Planung und Spieltheorie

Eine beachtenswerte Analogie bezüglich der Besonderheiten menschlichen Verhaltens besteht zwischen der Planung und einer systematischen, normativen Technik der Vorhersage und Entscheidungsfindung, nämlich der Spieltheorie. In der *Spieltheorie* wird das *Handeln eines Teilnehmers von den möglichen Entscheidungen der Gegenspieler bestimmt.* Das Spiel wird als wirtschaftliche Konkurrenzsituation verstanden, als eine Form des Konfliktes, bei dem jemand verlieren und jemand gewinnen muß (25). Die Spieltheorie kann Folgewirkungen rationeller Entscheidungsprozesse aufzeigen, die beim einfachen Bedenken der Probleme verborgen bleiben. In der Spieltheorie arbeitet man mit mathematischen Methoden, wobei im besonderen durch die Kombination mit Rechenmaschinen umfangreichere Entscheidungsketten erforscht werden können.

Das große Problem liegt darin, wie man die Voraussetzungen und „Spielregeln" einer bestimmten Situation definiert. In diesen entscheidenden Fragen bleibt auch in der Spieltheorie für Willkür und Fehlbeurteilungen viel Raum. Die Zielvorstellung der Spieltheorie scheint jedoch darauf hinauszulaufen, für Interessenkonflikte auf mathematischem Wege optimale Lösungen zu finden, welche rationaler begründet sind, als wenn sie lediglich vom diplomatischen Geschick der Verhandlungspartner abhängen. Noch wichtiger als die Optimierungsverfahren dürften die psychologischen Rückwirkungen sein, welche mit der genauen Definition der eigenen Interessen, der Fremdinteressen und der Modellierung der Interessenkonflikte verbunden sind. Es handelt sich dabei um einen Aufklärungsprozeß, der auch das eigene Bewußtsein verändert, da plötzlich Probleme und Folgerungen erkannt werden, die man bislang nicht beachtet hat. Im tieferen Sinne geht es bei der Planung und bei der Spieltheorie um das Problem der Wahrheit (12).

12.3. Die wesentlichen Aspekte der Planung

Die verantwortungsbewußte Auseinandersetzung mit den Problemen der Unternehmensplanung hat zu einer sehr umfassenden Behandlung *der sozialen und der gesellschaftspolitischen Aspekte des Managements* geführt. Die in der Praxis bereits erprobte Konzeption sieht die Mitwirkung qualifizierter Teams vor, dennoch bleiben die letzten Entscheidungen — ob gewollt oder nicht gewollt — bei der die Verantwortung tragenden Geschäftsleitung oder Direktion. Es muß auch klar ausgesprochen werden, daß unter einer Teilhabe an der Führung und auch unter einem kooperativen Planen keineswegs plebiszitäre Mehrheitsentscheidungen — die ja immer der Gefahr der Manipulation unterliegen — gemeint sein können (38).

Wesentlich ist es, die willkürlichen Entscheidungen auf allen Ebenen eines Unternehmens zu ersetzen durch ein nüchternes Überdenken eines Problems und die Bildung einer möglichst einheitlichen Meinung, eines Konsenses also über die zu treffende Entscheidung. Der *Prozeß des Planens* beginnt mit der *Diagnose,* wir müssen gleich dem Arzt vor dem Verordnen einer *Therapie* auf die Symptome schauen. Planen ist nicht beschreiben oder vorhersagen, sondern ein Handeln, ausgehend von der Diagnose von Ursachen, und zwar in erster Linie Ursachen des schlechten Funktionierens von Systemen. Die Analyse soll natürlich, wenn zutreffend, mit mathematischen Einsichten verbunden sein, die gemeinverständliche Darstellung darf aber darunter nicht leiden.

Es wird kaum ein Unternehmen geben, dem Kostensteigerungen in der Erfüllung von Forderungen der Gewerkschaft keine Sorgen bereiten. Die Institution *Gewerkschaft* ist ein System der Umwelt des Unternehmens, und die Kenntnis, wie und warum Gewerkschaften so arbeiten, gehört zu dem Werkzeug der Unternehmensführung und damit der Planung. Man muß sich mit Forderungen, vor allem zeitlich, so auseinandersetzen, daß ihre eventuelle Annahme eher zum Vorteil des Unternehmens und nicht zum Schaden gereicht. Derartige Fragen haben einen sozialen oder psychologischen Aspekt und einen betriebswirtschaftlichen Aspekt, für die eine *Synthese* zu finden, die Grundauffassung der normativen Planung und der Kybernetik sehr gut geeignet sind (24).

12.4. Der Zusammenhang zwischen Planungsgrad und Führungsstil bzw. Zielorientierung und Mitarbeiterorientierung

Die durch das Buch „The Managerial Grid" von *R. Blake* und *J. Mouton* (BM) (10) angeregte systematische *Analyse der Führungsziele* unterscheidet zwischen der Orientierung der Führungskräfte nach dem sachlichen Ziel des Unternehmens und der Orientierung nach den Bedürfnissen der Mitarbeiter. *Stanford Research Institute* (SRI) (26) hat den Zusammenhang zwischen Planungsgrad und Führungsstil ebenfalls graphisch dargestellt. Die wünschenswerte Lösung: der Führungsstil 9,9 sieht das Zusammenspiel von Menschen und Arbeitsaufgaben vor; also Führen durch Motivieren und Überzeugen, verbunden mit einem entsprechend hohen Grad der Planung und Koordination (Bild 19).

Interessierte und informierte Mitarbeiter partizipativ in Entscheidungsprozesse einzubeziehen, ist der wesentliche Inhalt verschiedener *Führungsmodelle;* nicht zuletzt tendieren Initiativen politischer Parteien in dieselbe Richtung. Jede bewußte Förderung der Selbstentfaltung des Einzelnen und die Mobilisierung brachliegender Fähigkeiten kommen diesem berechtigten Wunsch entgegen. Diese Gedanken sind schon länger im Gespräch; das wachsende Interesse in der Wirtschaft und auch in der Öffentlichkeit läßt erwarten, daß sich diese Ideen in den kommenden Jahren durchsetzen werden.

12.4. Der Zusammenhang zwischen Planungsgrad und Führungsstil 101

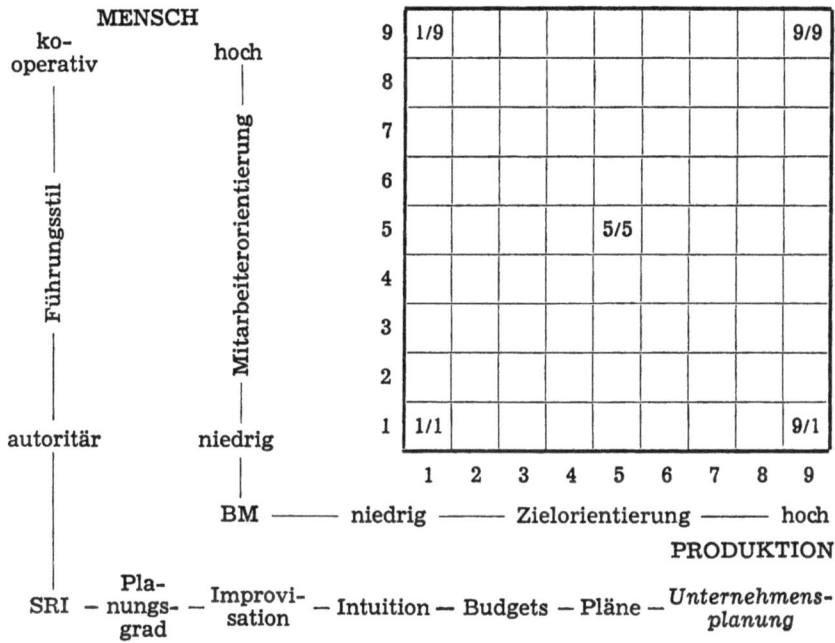

Bild 19. Zusammenhang zwischen Planungsgrad und Führungsstil bzw. Zielorientierung und Mitarbeiterorientierung (aus [40])

Erklärungen [10]:

1/9: Rücksichtnahme auf die Bedürfnisse der Mitarbeiter nach zufriedenstellenden Beziehungen bewirkt ein gemächliches und freundliches Arbeitstempo und -klima.

1/1: Minimale Anstrengung zur Erledigung der geforderten Arbeit genügt gerade noch, sich im Unternehmen zu halten.

5/5: Eine ausreichende Leistung wird ermöglicht durch die Herstellung eines Gleichgewichtes zwischen der Notwendigkeit, die Arbeit zu tun und der Aufrechterhaltung zufriedenstellender Betriebsmoral.

9/1: Der Betriebserfolg beruht darauf, daß die Arbeitsbedingungen den hemmenden Einfluß persönlicher Faktoren auf ein Minimum einschränken.

9/9: Die Arbeitsleistung entspringt dem Engagement; gemeinschaftlicher Einsatz für das Unternehmensziel verbindet die Menschen in Vertrauen und gegenseitiger Achtung.

12.5. Ursachen für das Versagen von Planungen

Das Versagen von an sich sorgfältig betriebenen Planungen ist durchaus möglich, es ist aber stets auf mehr oder weniger bekannte Ursachen zurückzuführen. Zu den häufigsten Ursachen zählen:

a) *Voraussetzungen* für das Planen durch unklare Berichte, Anweisungen oder Verträge nicht gegeben.
b) Falsche *Interpretation* der Informationen.
c) Keine *Konsequenz* in der Durchführung.
d) Besprechungen werden nicht protokolliert.
 (Es ist nicht festgehalten, warum ein Beschluß gefaßt wurde.)
e) Falsche Beurteilung der *Durchsetzbarkeit*.
f) *Verärgerung* tüchtiger Leute.
g) Mangelhafte *Ausbildung*.
h) *Rückkopplung*, d. h. Plankorrektur und Lernprozeß funktionieren nicht.
i) Falsche Einstellung zu den Planungsmethoden.
k) Planung ohne Zusammenhang.
l) Planung wird übertrieben.

Diese Beispiele sind zu ergänzen durch die in den Abschnitten 1 und 2 erwähnten Führungsfehler und falschen Einstellungen eines Managements, die, wenn sie nicht vor dem Aufbau einer Planung beseitigt werden, Ursache ihres späteren Versagens kein können.

12.6. Ein Vergleich mit praxisbezogenen Management-Grundsätzen

Als Beispiel eine Aufstellung von Koelle (32):
a) Handle, bevor Du zu handeln gezwungen bist!
b) Delegiere Verantwortung und Autorität in eindeutiger Weise!
c) Das Wichtigste zuerst!
d) Der Zeitaufwand soll der Priorität angemessen sein!
e) Isolierte Teillösungen sind tunlichst zu vermeiden, da sie das System verfestigen!
f) Die meisten Probleme sind Kommunikationsprobleme, daher sorge für effiziente Kommunikation!
g) Vertrauen ist gut, Kontrolle ist besser!
h) Deswegen keine Entscheidung ohne eine Vereinbarung über ausreichende Maßnahmen zur Erfolgskontrolle!

12.7. Das Wesentliche ist der Einsatz und die Entwicklungsmöglichkeit des Menschen im Unternehmen

Das Interesse an der Teilhabe an der Führung ist im öffentlichen Leben, in der Wirtschaft und auch im Unternehmen, vor allem bei An-

12.5. Ursachen für das Versagen von Planungen

gehörigen der jüngeren Generation, grundsätzlich vorhanden. Mit der Einführung einer richtig konzipierten Unternehmensplanung wird eine sehr wesentliche Voraussetzung geschaffen, durch die positive Kräfte im Unternehmen oder einer vergleichbaren Körperschaft stärker ins Spiel kommen können. Sicherlich ist jede Art von Demokratie, bedingt durch die Unvollkommenheit allen menschlichen Tuns, schwer zu realisieren, sie kann kein Allheilmittel sein, weder für die politische Gemeinschaft, noch für das wirtschaftliche Leben. Sie bietet aber von allen geschichtlich bekannten Verfassungen noch die beste Gewähr für die Freiheit und die Entwicklungsmöglichkeit einer Gesellschaft. Interessierten und geeigneten Menschen die Möglichkeit zu geben, an Entscheidungen mitzuwirken, und zwar im Staate genauso wie in den Unternehmungen, ist eine Forderung der Zeit. Sie wird im Gegensatz zu anderen nicht lautstark erhoben, sollte sie aber überhört werden, dann wird jede Alternative in den Abgrund führen, vor dem wir nach dem Buch „The Limits to Growth" (46) in manchen Belangen auf dieser Welt bereits stehen.

Mit einem notwendigen Optimismus muß betont werden, daß die *Chancen des wirtschaftlichen Erfolges* auch heute noch auf der Seite der größeren Initiative des Individuums und der sich frei bildenden Gruppe, auf der Seite der Freiwilligkeit und der raschen Anpassung, auf der Seite des übernommenen Risikos sind. Der Platz, den ein Unternehmen in der Zukunft in der sich so rasch entwickelnden industriellen Welt einnehmen wird, hängt ganz wesentlich von dem Einsatz der Menschen im Unternehmen, in der Wirtschaft und im Staate ab. Wenn der bürokratische Formalismus sich ausbreitet, die persönliche Verantwortung herabgesetzt wird und Verallgemeinerungen und starre Methoden zur Doktrin werden, dann profitieren die schlimmsten Feinde der Demokratie, nämlich die Halbwissenden, die Halbtechniker, die Halbintellektuellen, die an Methoden und Formeln glauben, an dieser unerfreulichen Entwicklung. Werden die *Demokratie und* die *Teilhabe an der Führung* im Unternehmen aber *bejaht und mit Hilfe des Verfahrens „Planung" realisiert*, so wird sich die Zusammenarbeit zwischen den entscheidenden und den ausführenden Organen sachlicher und menschlicher gestalten.

Schrifttumsverzeichnis

(1) *Albach*, H.: Betriebswirtschaftliche Anforderungen an eine langfristige Unternehmensplanung, in: 2. Erg.Heft der Zeitschrift für Betriebswirtschaft, Wiesbaden 1968.

(2) *Aktiengesetz* 1965, Republik Österreich.

(3) *Angestelltengesetz* 1921, Republik Österreich.

(4) *Ansoff*, H. I.: Corporate Strategy, McGraw-Hill—New York 1965, deutsche Übers.: Management Strategie, München 1966.

(5) *Atteslander*, P.: Soziologie und Planung, Manuskript: Internationale Hochschulwochen, Alpbach 1969.

(6) — Soziologie und Planung, in: NZZ Nr. 606, S. 37, 5. 10. 1969.

(7) — „Die letzten Tage der Gegenwart", Scherz-Verlag, Bern 1971.

(8) *Berger*, G.: Phénomenologie du temps et Prospective, in: Presses Universitaires de Frances, Paris 1964.

(9) *Bertalanffy*, L. v.: ... aber von Menschen wissen wir nichts, Düsseldorf—Wien 1970. Originalausgabe: Robots, Men and Minds, Verlag G. Braziller Inc., New York 1967.

(10) *Blake*, R., *Mouton*, J.: „The Managerial Grid"; deutsch: Verhaltenspsychologie im Betrieb — Das Verhaltensgitter, eine Methode zur optimalen Führung in Wirtschaft und Verwaltung, Düsseldorf 1968.

(11) *Bronner*, A.: Wertanalyse, Stichwortmanuskript, Stuttgart 1971.

(12) *Buchholz*, A.: Die große Transformation, Stuttgart 1968.

(13) *Drucker*, P.: Die Praxis des Management, München 1970.

(14) *Eichenberger*, J.-Y.: La Démocratie, in: Centre de Recherches et d'Etudes des Chefs d'Enterprise, Cahier 9 (1964), S. 68 - 85.

(15) — La Pratique de la Participation, in: Centre de Recherches et d'Etudes des Chefs d'Enterprise, Cahier 11 (1966 - 1967), S. 34 - 75.

(16) *Eisenhofer*, A.: Markt ohne Zufall?, in: Werkstatt und Betrieb, 99. Jg., 1966, H. 1, S. 5 - 7.

(17) *Fiedler*, J.: Prognosen: Lieber ungefähr richtig als haargenau falsch, Plus 8/68, S. 61, Düsseldorf.

(18) *Forrester*, J. W.: Industrial Dynamics, in: The Massachusetts Institute of Technology (M.I.T.Press), Cambridge (Massachusetts) 1961.

(19) — Planning under the Dynamic Influences of Complex Social Systems, in: Perspectives of Planning (E. Jantsch), OECD Paris 1969, S. 237 - 284.

(20) *Friedmann*, J.: Planning as a vocation, in: Plan Canada, Bd. 6, Nr. 3 - 4, 1966.

(21) *Gehmacher*, E.: Methoden der Prognostik, in: Rombach Hochschul-Paperback, Band 29.

(22) *Handelsgesetzbuch* 1897, Republik Österreich.

(23) *Hanika*, F. de P.: Management as a University Disciplin — The Role of General Systems Methodology, in: management international review 1968, Heft 6, Wiesbaden.

(24) — Management Education and Management Science, in: Pergamon Press, Oxford 1968, Special Conference Issue, S. 117 - 127.

(25) — Modernes Managementdenken, Wiesbaden 1969.

(26) *Hegi*, O.: Einführung einer neuen Führungskonzeption, in: Verlag Industrielle Organisation (Betriebswissenschaftliches Institut der ETH), Jg. 37 (1968), Nr. 8.

(27) — und *Bleuler*, R.: Unternehmensplanung im SULZER-Konzern, NZZ, Nr. 504, 29. 10. 1970, S. 33.

(28) *Hutchinson-Ott:* Stimulating Creativity in Research, Washington 1955.

(29) *Jantsch*, E.: Langfristige Planung für die Gesellschaft, in: Alpbach-Korrespondenz 25..2. 1969, Nr. 25, S. 9 - 23.

(30) — und *Ozbekhan*, H.: Long Range Planning — General Framework, Methodological Approaches and Institutional Aspects, in: Alpbach Korrespondenz, Nr. 28, 1969, S. 3 - 18.

(31) *de Jouvenel*, B.: Jenseits der Leistungsgesellschaft — Elemente sozialer Planung und Vorausschau, 1971.

(32) *Koelle*, H. H.: Gedanken eines Systemingenieurs zur Regierungs- und Verwaltungsreform, in: analysen und prognosen, März 1970, Heft 3, S. 19.

(33) *Ladanyi*, O.: Mitdenken, Mitsprechen, Mitgestalten; die Teilnahme an der Verantwortung in der Praxis, in: VCU-St. Pölten, Unternehmer-Information, Jg. 1967, Nr. 2.

(34) — Moderne Führungstechnik statt Mitbestimmung, in: „Die Industrie", Nr. 13, 1968, S. 9 - 11.

(35) — Qualitätssicherung — eine Aufgabe für alle!, in: „Die Industrie", Nr. 28, 1968, S. 17 - 24.

(36) — Die Demokratie und das Unternehmen, in: uniapac, Nr. 3, 1969, S. 18 bis 23.

(37) — Maschinenbauingenieur — ein attraktiver Beruf?, in: DIE PRESSE, 20. 4. 1971, S. XI.

(38) — Planung und Teilhabe an der Führung, in: „Arbeit und Wirtschaft" 6/71, S. 18 - 20.

(39) — Stand der Technik in der Kraftübertragung bei dieselhydraulischen Lokomotiven, in: GLASERS ANNALEN — ZEV, 95. Jg., H. 7/8 — 1971, S. 223 - 229.

(40) — Planung und partizipative Führung, in: AGP-Mitteilungen, 20. Jg., 1972, Nummer 172, S. 1 - 2.

(41) — Unternehmensplanung in der Investitionsgüter-Industrie, in: „Die Industrie" Nr. 4, 1972, S. 13 - 16.

(42) *Lenk*, H.: Regieren die Technokraten?, in: VDI-Nachrichten 1971, Nr. 39, Nr. 40 und Nr. 41.

(43) *Linder*, W.: Die Unternehmensplanung auf neuen Wegen, in: NZZ, Nr. 504, 29. 10. 1970, S. 29.

(44) *Lux*, G.: Die leitenden Angestellten — und worunter sie oft leiden, in: „Die Industrie", Nr. 30, S. 8 - 12.

(45) *Mayer*, F. J.: „Die oben" und das mittlere Management, in: „Die Industrie", Nr. 30, 1970, S. 6 - 7.

(46) *Meadows, Randers, Behrens* III: The Limits to Growth, Universe Books, New York 1972.

(47) *Meenzen*, H.: Die „besseren" Angestellten, in: VDI-Nachrichten 1971, Nr. 21, S. 10.

(48) *Ozbekhan*, H.: The Triumph of Technology: „Can" implies „Ought", System Development Corporation, SP-2830 (1967).

(49) — Toward a General Theory of Planning, in: Perspectives of Planning (E. Jantsch), OECD Paris 1969, S. 47 - 155.

(50) *Rühli*, E. Das Konzept einer integrierten, kooperativen Form der Führung, in: NZZ, Nr. 60, 1. 3. 1972, S. 85.

(51) *Schulte*, B.: Wesensmerkmale der Wertanalyse, in: VDI-Berichte, Nr. 125, 1968, S. 13.

(52) *Schmidt*, E.: Langfristige Unternehmensplanung in der Praxis. Ihre Möglichkeiten und Grenzen, in: 2. Erg.Heft der Zeitschrift für Betriebswirtschaft, 1968, Wiesbaden.

(53) — Brevier der Unternehmensplanung, Praktische Betriebswirtschaft, Nr. 4, Verlag Haupt, Bern 1970.

(54) *Schnyder v. Wartensee*, R.: Konstanten der Personalpolitik, in: Betriebswirtschaftliche Mitteilungen, 26, Verlag Haupt, Bern 1963.

(55) — Gedanken zur Formulierung der Geschäftspolitik, Stichwortmanuskript, Sitten (Schweiz) 1965.

(56) — Soziale Partnerschaft in zukunftsgestaltender Betrachtung, in: Schriftenreihe der Wiener Volkswirtschaftlichen Gesellschaft, Heft 3, 1968.

(57) *Schwarzkopf*, W.: Marktwirtschaft — Pfeiler jeder Unternehmenskonzeption, in: „Die Industrie", Nr. 27, 1971, S. 10 - 11.

(58) *Smalter*, D.: Analytical Techniques in Planning, Manuskript 1967, IMCC Skokie, Illinois.

(59) *Smith*, D.: Interview mit Krupp-Generaldirektor Vogelsang, in: International Management, 10. 1968.

(60) *Steinbuch*, K.: Technisches Handeln fordert Moral, in: VDI-Nachrichten 1971, Nr. 37, S. 27 - 28.

(61) — Die Verantwortung des Managers für die Zukunft, in: „Die Industrie", Nr. 13, 1972, S. 7 - 12.

(62) *Stemberger*, G.: Erarbeitung eines Führungskonzeptes in einem Unternehmen, Manuskript, Wiener Volkswirtschaftliche Gesellschaft 1971.

(63) *Teilhard de Chardin*, P.: Der Mensch im Kosmos (Le Phénoméne Humain), Verlag C. H. Beck, 1965.

(64) *Thurner*, W.: Weiterbildung von Führungskräften als Bestandteil einer fortschrittlichen Personal- und Unternehmenspolitik, Prot. der Arbeitssitzungen der ERFA-Gruppe der Wr.Volksw.Ges. 1969.

(65) *Ulrich*, H.: Die Unternehmung als produktives soziales System, Verlag Haupt, Bern 1970.

(66) VEREIN DEUTSCHER MASCHINENBAU-ANSTALTEN E.V. (VDMA): „Preisindex des Statistischen Bundesamtes", Statistisches Handbuch für den Maschinenbau, Ausgabe 1970, S. 130 und 131, Frankfurt/M.— Niederrad.

(68) *Mellerowicz*, K.: Kosten und Kostenrechnung, Band I: Theorie der Kosten, Berlin 1957.

(69) — Kosten und Kostenrechnung, Band II/1: Verfahren, Berlin 1958.

(70) *Maynard*, H. B.: Industrial Engineering Handbook, McGraw-Hill Book Company Inc., New York 1963.

(71) *Kitagawa*, K.: Management Progress in Japan, 3. Internationaler Produktivitäts-Kongress, Wien 1970.

(72) *Wolf*, G. A.: „Management by Innovations", in: „Die Industrie", 1972, Nr. 35 - 38.

MIX
Papier aus verantwortungsvollen Quellen
Paper from responsible sources
FSC® C105338

Printed by Libri Plureos GmbH
in Hamburg, Germany